# ダライ・ラマ　平和を語る

ルイーゼ・リンザー
中澤英雄 訳

人文書院

# 目次

# 凡例

・本書は、Luise Rinser, *Mitgefühl als Weg zum Frieden. Meine Gespräche mit dem Dalai Lama*, Kösel-Verlag, 1995 の全訳である。
・〔 〕は原書にある註である。しかし、「菩薩」や「カルマ」のように、日本人には自明と思われる仏教用語に関する註は省略した。
・割註は訳註である。

# ダライ・ラマ　平和を語る

Luise Rinser

*Mitgefühl als Weg zum Frieden*
*Meine Gespräche mit dem Dalai Lama*



This book is published in Japan by arrangements with
Kösel-Verlag GmbH & Co. through The Sakai Agency, Tokyo.

# 緒　言

本書は、チベット仏教の内容をほんの半分でも記述しているなどという大それた主張をするものではありません。このテーマに関してはたくさんの本があります。チベットと中国の間の政治的関係についても、ここでは、ダライ・ラマの人となりと彼の平和ユートピアの理解に重要な範囲で、ごく断片的に触れるだけです。

本書は、ダライ・ラマが亡命生活を送っているヒマラヤ山脈のインド側にあるダラムサラの地で行なわれた、私のダライ・ラマとの会見に関する報告以上のものではありません。厳密な構成を持った本ではありません。私がダライ・ラマと行なった長い対話の採録です。モザイクの石が集まって、次第に一つの絵になるといった趣です。そこで本書は、大部分が即興的な質問、自然発生的な思いつき、同じくらい自然発生的な回答をとりまとめたものとしてお読み下さい。実際の対話がそうであったように、すべては形を整えることなく、自然の流れのままですが、ただしその対話は究極的には平和というテーマに集中していました。本書は、水の一滴に全体を映し出そうとする試みです。その全体とは、世界平和というユートピアと、ダライ・ラマが見すえているこのユートピアを実現する様々な可能性のことです。

私たちの会話はテープに録音されましたが、オリジナルの会話は大部分が英語で行なわれました。込み入ったことを述べなければならないときには、ダライ・ラマがより容易にそしてより正確に表現できるようにチベット語で行なわれ、それが英語に翻訳されました。ドイツ語に翻訳されたこれらの対話はすべて真実のものです。必要なところでは、私はいくらか短縮しましたが、本質的な点は変更していません。二、三の記述は、まだありありとしていた記憶から補足しました。

私は本当は、ダライ・ラマの魅力的な人格の描写のような、文学的に高度なものを書きたかったのです。本来なら、私はそういうこともできたでしょう。といいますのも、一週間の間、私は一日二時間半、彼と一緒に過ごしたからです。彼の隣にすわり、目と目を見つめあい、しばしば手を握りあったからです。しかし、私は鋭い観察をすることを自分に禁じました。いま彼のイメージ全体を自分の目の前に彷彿させてみますと、彼がどれほど多面的で多彩であるかが思われてきます。海外で講演を行なっている彼を見たときには、彼のことを、愛すべきかすかな皮肉を込めて、記者たちのしばしば馬鹿げた質問に答える、機知鋭く外交的に機敏な話し手だと思っていました。ダラムサラで私は、自然な全体的人格である彼を見たのです。それは、心配りの行きとどいたもてなし手、祭儀の威厳ある執行者、機知にあふれ、弁証法的な機敏さをもった対話相手、そして、愉快がり、ついには人の心を魅了する明るい大きな声で爆笑する少年でした。熱情的で、活力にあふれ、彼の生まれそのものの、ほとんど農民的なチベット人でした。自分自身にもある先入観をはっきりと認め、それを皮肉る懐疑的な思想家でした。女性である私に対しても、屈託なく、節度ある優しさをもった友人でした。私たち西欧人が語ることに、注意深く好奇心をもって耳を傾ける聞き手でした。崇拝されることを拒む素朴な僧侶でした。無遠慮な質問にも臆することなく答える、注意深い対話相手でした。自分自身の中に完全に統一した精神であり、一人のブッダとしての落ち着きを放射し、言葉と眼差しによって私たちに彼の世界を垣間見させ、人間的な近しさを禁じつつ、同時にそれへと誘う人でした。私は彼の「ポートレート」を描いて、多くの細部を伝えなければならないのでしょうが、私は、この多様な人物をただヴェールを通して見ただけだ、ということを自覚しています。この人物の全人格を体験としてかすかに予感したのは、彼と私が二人きりで一緒に瞑想をし、彼が私に「偉大な誓願」をさせたときのことでした。この誓願については後ほど述べることになるでしょう。

彼については、あるヨーロッパのテレビ放送の最初と最後で放映された写真が、多くのことを語ってくれます。そこには、にこやかな微笑みを浮かべたたくましい「働き盛りの男性」のよく知られた画像が出てきますが、その直後にそれは、深い瞑想に没入している老賢者の顔に変わります。その顔は、私たちの理解や私たちとの人間的近しさからはるかに遠ざかっています。最高段階の転生の一つにある菩薩の姿です。

これらすべてが、私が出会うことが許されたダライ・ラマなのです。ダライ・ラマはこれらすべてであり、それ以上の存在です。彼のもとに旅立とうと決心したとき、何が私をかくも否応なしに駆り立てているのか、自分でも正確にはわかっていませんでした。私は冒険的な旅行を求めたのではありませんし、亡命チベットの現実政治に関する情報を「現場で」手に入れたかったわけでもありません。本ものの東洋の智恵を求めたのでもありません。私をせき立てたのは、有名なダライ・ラマへの巡礼ではなかったし、神秘的な種類の好奇心でもありませんでした。私はただ、ダライ・ラマに初めて会ったときに、私に聞こえた呼びかけに従ったまでなのです。

私のような政治的な人間にとっては、平和創造者として世界中を旅行している人間と、彼自身の居住地で知り合いになり、政治家と神秘家という一見両立不可能に見えるものが、一つの人格の中でどのように統合されているかを見ることは、きわめて興味をそそる事柄であったのだ、というような言い方ももちろんできます。

事後的に想いをめぐらしながら、こうも言うことができます。二〇歳のとき私は、ヨーロッパに疲れた若者たちのグループが、「世界の屋根」へ、ヒマラヤへ、チベットへと旅立つのを描く物語を書きました。私は今回、そのとき私を駆り立てていた呼びかけに従ったのです。私にこの物語を書くように駆り立てたものは、友情、愛、平和への憧憬でした。その当時はまったく時流からはずれていたまさにこのような考えが、いったいどこからやってきたのかはわかりません。いわば予言的にいくつかのものを先取りしていたのでしょう。平和精神のための子供十字軍〔一三世紀に少年少女だけでエルサレム巡礼を目指すという事件が起こったが、純真な子供による十字軍として称えられた〕を。希望の十字軍を。その数十年後、私はダライ・ラマとの出会いから、世界平和への私の希望を強化してもらいたいと期待しました。この希望は最近ますますはかなくなっていたからです。

私は、一九四六年にシュトゥットガルトで開かれた「平和と自由のための国際婦人連盟」で私が行なった講演を読んでみました。その講演の中で、私は平和主義者カール・フォン・オシエツキー〔一八八九～一九三八年。ドイツの平和運動家、ノーベル平和賞受賞者〕が一九三二年に語った次のような言葉を引用しました。「平和の言葉は、老子から発し、聖書とカントを経由して、全文学に行き渡っている」。平和の言葉とは愛の言葉である、愛は世界の中で唯一神聖な感情である、と私はその当時書きました。暴力と殺人へと駆り立てるものは、何ものも神聖ではない。生命と平和に仕えるもののみが神聖なのである。それは人類愛の心であり、人類愛の命ずる戒めである正義と忍耐である。

私がそのように書いたのは、第二次世界大戦が終わって一七カ月後のことでした。今その講演を全部引用してもかまわないくらいです。それは、その当時にあてはまったのと同じように、今日にもあてはまるからです。平和の壊れやすさは皆いたるところで知っています。マスメディアが伝える恐ろしいニュース、戦場からのニュース、私たちにはまさに「日常的」なものになってしまった、日常生活の中での暴力行為に関するニュースが、平和の壊れやすさを日々ますます知らしめています。なんたる世界でしょう。こんな世界に疲れて、自分の「ヒマラヤ」に「出離」したい、つまり、自発的な死であれ、諦念であれ、絶望的な忘我であれ、そういうものに入りたい、という気にならない人が誰かいるでしょうか。

おそらく私の旅の真の理由は、力強い人間のもとで力を回復したい、という期待であったのでしょう。その人は、私たちすべての平和への希望をその人格の中に体現し、私たちの時代の最強のデーモンに対して立ちはだかっているのです。それは絶望と破壊のデーモンです。実際、ダライ・ラマがあえて行なっているのは、デーモンたちの全世界に対して拒否の声を叫ぶことです。人類はもうだめだ、人間の条件とはむき出しの生存をかけた野蛮な闘争だ、というのは真実ではない、と彼は言います。平和とは空虚な言葉だ、僅少の力なき少数派が描くユートピアだ、というのは真実ではない。もはやいかなる救いもない、というのは真実ではない。救いはあるのだ、とダライ・ラマは叫びます。平和への道はあるのだ、暴力を放棄する道はあるのだ、しかし、道はそれしかないのだ、歩むことができるのはこの一つの道だけなのだ、と彼は叫びます。

もちろん、私たちはあくまでもこう主張することもできます——私たちが生きている世界は、万人が万人の敵になり、ただ戦争の暴力と警察の暴力によって、他人を殺害したり他人の所有物（どんな種類のものであれ）を強奪したりするのを防ぐことができる世界なのだ、と。しかしダライ・ラマは、敵は存在しない、存在するのは兄弟だけだ、と言います。私たちはその言葉を聞いて懐疑的になります。彼と彼の民族が自分たちでも中国人という具体的、現実的な敵の犠牲者であるというのに、どうしてそんなことが言えるのでしょう！

中国人は彼と彼の民族を追放したのではなかったか？　彼らは女たちを、尼僧までをも強姦し、子供たちを殺さなかったか？　彼らは非常に古い仏教の礼拝所を破壊しなかったか？　彼らはたえず脅かす危険ではないのか？　彼らは憎むべき存在ではないのか？　いいえ、彼らもまた私たちと同じように心の中に仏性を持っているのです、とダライ・ラマは言います。

しかし、中国人の側ではなぜチベット人を憎むのでしょう？

彼らは私たちを憎んでなどいません。彼らは指導者たちの扇動的なプロパガンダに踊らされているだけです。

それでは、これらの指導者は憎むべき存在ですか？

彼らもそうではありません。彼らも仏性を持っているからです。

しかし、彼らを憎まないということは、人間には無理なことです。誰がそんなことができますか？

誰でもできます！　自他平等視の秘密を知る者は誰でもできます。

どうやって？

敵の立場に自分を置いてごらんなさい。私たちの場合は中国人の立場です。彼らは本当に私たちチベット人を害そうとしたのでしょうか？　もともと彼らは、自分たち自身の民族を豊かにすることによって、自民族に善を施そうとしたのです。そして、チベットの僧院封建主義に対する闘争を通じて東洋的世界を共産主義に変えることによって、政治的にポジティブな影響をつくり出そうとしたのです。彼らの動機を理解すれば、彼らを憎むことはできませんし、彼らの暴力行為に暴力行為で応えることはできません。暴力に対し暴力で応える者は、世界の中に暴力の連鎖を存続させます。それでは決して平和は生まれません。しかし、いかなる復讐もいかなる暴力も断念する者は、新たな世界、平和の世界をつくり出すのです。ただ自他平等視によってのみ私たちは慈悲の心に到達し、ただ慈悲心によってのみ平和へといたるのです。この道は長い修練と多くの忍耐を必要とします。私たちは時の流れを味方につけています。すべては変転します。中国人も変転し、彼らの政治も変転します。すでに中国では、暴力放棄の最初の成果が現われています。若者はチベット人との対話について考えはじめ、平和を望みはじめています。私たちの徹底的な暴力放棄のために――とダライ・ラマは語ります――彼らはチベット人という隣人を信頼しはじめています。そこで彼らの側でも暴力行為の連鎖を断ち切ることを学んでいるわけです。そしてこのようにして、非暴力の姿勢は民族から民族へと伝わり、世界平和へと導くのです。

これはユートピアでしょうか？　それは、現実となる力を内部にはらんだ創造的なユートピアです。つまり、ダライ・ラマのもとで学ぶべきこととは、人間の内部の、人類の内部の善に対する確固不動の信です。この信を共有する者は、世界平和の家を建設する仕事に参画するのです。

# ダライ・ラマとの出会い

私が本書で述べることの一部は、何十年間にもわたってダライ・ラマについて書かれたり、彼自身によって書かれた書物や論文で読んだことの成果です。しかし本質的には、ダライ・ラマ自身との私の個人的な出会いと、ヒマラヤのダラムサラにおける二人の長い対話についての報告です。

この出会いは偶然に生じたものではありません。世の中の何ものも偶然に生じることはなく、ましてやこのような種類の出会いが偶然に起こることなどありません。それにもかかわらず、それが偶然のような形で出現することもありえます。ダライ・ラマが「平和大学」で講演をするその同じ日に、私はベルリンのあるアカデミーの会議に出席していました〔平和大学については本書の付録を参照のこと〕。私は数年前から（平和大学設立の推進協会の最初から）評議員会のメンバーでしたので、推進協会の後援者であるダライ・ラマに会いに行くことは、私の義務だと思いました。二つの義務が重なってしまいましたが、私はアカデミーを急いで抜け出し、ダライ・ラマのいるシャウシュピールハウスに向かいました。私が彼のもとへ行くことを何ものも引きとどめることはできなかったでしょう。私は、平和賞の受賞者であるショーレマー〔東ドイツ出身の平和運動家〕と平和研究者のガルトゥング〔ノルウェー出身の平和学研究者〕と一緒に舞台で並んですわり、歓迎の挨拶をし、彼に質問をすることになりました。私は大急ぎで準備をしましたが、恭しく挨拶をされるべきご当人がいくらか遅刻して到着したとき、私は自分が言おうと思っていたことを全部忘れてしまいました。私は彼に挨拶を述べるだけではなく、すぐに二、三の質問をする手はずになっていたのですが、私に思い浮かんだすべての言葉は、「聖下（Holiness と彼は英語で呼びかけられます）、あなたにお目にかかりましたら、すべての質問が消えてしまいました」という単純な文章でした。

それは自然にわき上がってきた挨拶でした。これ以上の挨拶を私は見つけることはできなかったでしょう。ダライ・ラマは私のほうを向き、微笑みました。いちばん前の席にすわっていた、彼の従者である二人の僧侶が拍手をしました。

「聖下、あなた自身がお答えであるからです」

何に対する答え？

「私があなたにしようと思っていたすべての質問に対するお答えであるからです」

彼はうしろを振り向きながら、私を長いこと見つめていました。私のあとに壇上のほかのパネリストが話し、ダライ・ラマ自身の話になりました。彼の英語の講演が段落ごとにドイツ語に通訳されている間、彼は何度も私のほうを振り向き、一度は水の入ったグラスを高くあげ（彼はアルコールは飲みません）、微笑みながら乾杯の仕草をしました。

最初の出会いの数カ月後に私たちは再会しました。それは一九九四年五月一七日のことでしたが、今回の会見は前もって準備されていました。今度は私たちはローマのホテル・フォールムで会いました。それは、ダライ・ラマ、彼の秘書、ウーヴェ・モラヴェッツ（平和大学設立推進協会の理事長）、そして私という小人数の会合でした。

またまた私からは質問が消えてしまいました。日程についての話合いは、私はウーヴェとダライ・ラマの秘書にまかせました。何の日程かというと、私がインドのダラムサラへ旅行する日程です。まるで太古からの約束であったかのように、突如まったく自然にその旅行計画が浮かび上がったのです。私は自分のことではないような奇妙な気分でそこにすわって、ダライ・ラマを見つめていましたが、彼は突然私の手を取り、三〇分の間しっかりと握りつづけました。私たちはそのように黙ったままますわり、見つめあいました。この三〇分が終わりにならないように、と私は願いました。しかし、再会の約束がなされました。ダラムサラで九月の初めに会うのです。

その日の午後、ジャーナリストたちとの会合の場で、ダライ・ラマは大勢の中にいる私を見つけ、いつもの輝かしい微笑をたたえながら私にウィンクしました。この微笑みを浮かべながら、彼はジャーナリストたちの愚かしい質問にも忍耐強く答えるのです。この微笑を見た人は、それを決して忘れません。それは何度もテレビや写真で撮影されています。それが謎めいた「東洋の」微笑だ、と言えば、私は月並みなことを言ったことになります。それは穏やかな聖者の微笑ではありません。ダライ・ラマは決して穏やかな人間ではありません。彼は内に強い力を秘め、精神集中し、高度の自己規律を保った男性です。彼は自分について、自分は怒りっぽい男で、決して生まれながらの平和主義者ではなかった、と語っています。彼は身体的にも禁欲的なやせ形ではなく、筋骨たくましい健康的な男性です。彼の温厚さは長年にわたる霊的教育と自己統御の産物なのです。子供のころ、彼は力がありあまって腕白者でした。彼がのちになって、いかなる暴力行使も、いやいかなる不寛容の気配すらも厳しく拒絶するようになったのは、高度の仏教的認識の果実なのです。その認識は、「タト・トヴァム・アシ」〔神秘的な世界観との関連で発せられる、バガバッドギーターにあるヒンドゥー教の聖句〕という命題に表現されています――汝はそれなり、という意味です〔「タト・トヴァム・アシ」は、「汝」（自我）と「それ」（ブラフマン）が同一であること（梵我一如）を覚知させるウパニシャッド哲学の大格語〕。

この命題の深い意味を理解するために、私はある仏教説話を思い出してみます。一人の男がなんとしても釈迦牟尼仏に会いたいと願いました。しかし――と彼の友人が言いました――お釈迦様はとっくに涅槃に入っているんだよ。君はどうやってお釈迦様に会うつもりだい？　第三の男が言いました。「市場に行ってごらん。君が最初に目にする乞食婆さん、蛆虫のわいた野良犬、それが《彼》だよ」。彼はまたこうも言えたでしょう――君自身を見ろ、君が《彼》だよ、と。タト・トヴァム・アシ――汝はそれなり。すべてが《彼》です。すべてが《我》です。なぜなら、ありとあらゆるものは仏性を持っているからです。すべては《一者》です。《一》です。これが仏教的神秘主義なのです。

しかし、ダライ・ラマは彼の平和主義の別の動機も持っています。そのうちの一つは、集団的カルマに関する彼の確信です。何世紀も前に、チベットは途方もなく強大で、中国を抑圧しました。その運命が自分に返ってきました。かつて中国人に加えた害をこうむっているのは、現在ではチベットです。すべての個人的な罪過と同じように、集団的運命も清算されねばなりません。ダライ・ラマの中では、冷徹なリアリズムと、すべての民族の暴力なき共生についての見者的な洞察とが混じりあっています。それはブッダとイエスがいだいていた平和の国のユートピアです。「私はその国で実際に生きることはないでしょう」とダライ・ラマは言います。「でも、それが何だというのでしょう？　それは必ずやってきます。私はそのために働いているのです」。私たちの対話の間に、彼は具体的な政治的計画を展開しました。つまり彼は、そう言いたければ、徹頭徹尾政治的な人間なのです。

しかし、彼は菩薩、覚者、神秘家ではないのでしょうか？　どうやって同時に政治家たりうるのでしょう？

神秘主義は精神の高いレベルにあり、政治はまったく現世的、「現実的」、実務的なもののレベルに存在しているのです。

## 政治とは何か

政治学は国事に関する教説です。「国家の任務と目的に関する学問、国事のために用いることができる、ないしはそのために要請される手段に関する学問」である、とクレーナーの哲学辞典には書かれています。

神学・教会事典には、政治とは何かを定義することはきわめて困難である、と書かれています。「狭義では」それは「国家に統合された民族共同体の福祉のための公俗的配慮であり、それを、法律、経済、文化の秩序にとって必要な社会的権威と権力の獲得と行使によって行なう」とあります。

この説明によっては、社会的権威とは何であり、それがどのようにして社会的権威になるのかについて、何も語られていません。いずれにせよ政治家は、専門職業的に「国事」にたずさわる人々です。彼らは、「理想国家」について特定のイメージを持ち、彼らのイメージを現実化するための手段を持っている人々です。自分たちが指導する民族の幸福に対して（理想的な場合には）きわめて高い責任感を有している人々です。彼らが指導者になったのは、君主国におけるように地位の継承によるのか、合法的な民主的選挙によるのか、民族の救済者となるべくカリスマ的な召命を受けたという、本ものの信仰や見せかけの信仰によるのか、いきなりクーデターを行なって独裁者になったり一党独裁になったりするのか、いろいろな形がありますが。

ダライ・ラマにはどの定義があてはまるでしょうか？　彼は指導的立場を力によって奪取したのでしょうか？　民族の多数派が彼を選出したのでしょうか？　彼はどのようにして元首という最高の政治的地位についたのでしょうか？

仏教の導入以来、チベットでは世俗的・政治的指導性と宗教的最高指導性は、いつの時もただ一人の男性の手にあり、それがダライ・ラマだったのです。チベットは、その理念からすれば、プラトンの理想国家やアウグスティヌスの「神の国」に比較できる神権国家でした。すべての世俗的な国事は、至高の力の意志を確固と見つめながら執り行なわれました。

キリスト教会は常に、国家宗教であるばかりではなく、頂点には聖霊によって召命された男性が立ち、その人がすべての政治的権力をキリスト教の意向にそって行使する世界宗教たらんと激しく願望してきました。その人の選出はそのつど民主的な形式で、すなわち枢機卿団の決定によって行なわれましたが、枢機卿団は聖霊の呼びかけに従っているものと信じられていました。ずっと以前からごく最近にいたるまで、そこでは政治的な考慮が決定的な役割を演じていたことを、私たちは知っています。そして、すっかり世俗化したこの世界では、ほかのあり方などもはや考えられません。一人の人間の人格的聖性がキリスト教的・カトリック的な最高司牧者としての適性の判断基準になるのではなく、判断基準は彼の政治的重要性なのです。この前の教皇選挙のときには、もはやイタリア人を選出しないことが肝要でした。しかし、アフリカ人や南米人であってもなりませんでした。やはりヨーロッパ人、いずれにせよ、東ヨーロッパを知っていて、マルクス主義をよく勉強していて、マルクス主義の現実的影響を体験していて、その鋭い敵対者である人物、でなければなりませんでした。ということでポーランド人になったのです。

たとえ人間的・政治的な操作が加えられていても、そこにはやはり高次の導きが作用し、何らかの形で決定したのかどうかは、そのつど歴史の流れの中で明らかにされます。

ダライ・ラマの選出の際にどの程度政治的考慮が作用するのかは、同じようにいずれ明らかにされるでしょう。最初見たところでは、選出は、何百年も前から行なわれているように、神秘的に行なわれているように見えます。

ヨーロッパでは東西の境界地域出身の男性が選出されたように、チベットでは北東チベットに生まれた人が選出されました――その地域は中国国境近くにあり、中国の行政管轄下にありました。両方とも象徴的意味をもった橋頭堡的地域でした。

## ダライ・ラマの選出はどのように行なわれるか

それは古い伝統に従って行なわれます。死にゆくダライ・ラマは死の前に、後継者に関する多かれ少なかれ定まった指示を遺します。ダライ・ラマ一三世の言葉によれば、次のダライ・ラマは北東部から、《A》という文字で始まる名前の地方から生まれることになっていました。それはアムドでした。彼はまたその子供の名前の頭文字も《T》であることを教えました。テンジンのTです〔ダライ・ラマ一四世の本名はテンジン・ギャムツォ〕。老ダライ・ラマの死後、選ばれた僧侶たちが出発しました。彼らは両親の家についての記述や、いくつかの品物を持参しました。死んだダライ・ラマの持ち物と、そのほかの任意の品物です。代表団はついにその地方を、村を、家を見つけ出しました。家の中には大勢の子供がいました。どの子が将来のダライ・ラマなのでしょう?

検査です。持参した品を床に置きました。二歳の男の子がすぐに、ダライ・ラマ一三世の所有物であったものに手をのばしました。その子はまた代表団の一人に向かって叫びました――セラ・ラマ、セラ・ラマ（セラ僧院のラマ）！　しかし、その僧は自分の高い地位を示すものは何も身につけていませんでした。その子はまた、ダライ・ラマ一三世の教師であったもう一人の僧を知っているようでした。あとになって人々は、その子が生まれたときの奇妙な状況を思い出しました。それは、未知ではあるが、重要な運命を示唆していました。一九三五年七月六日の夜、天には虹が現われ、何時間も美しい音楽が聞こえたのです。光の姿を見たと言う人々もいます。

チベット人は仏教徒で、彼ら独自の神話を持っています。しかし、すべての民族の神話は、その象徴形態において似通っているのではないでしょうか？　そこでは、「高い領域」が地上の出来事に参画してはなぜいけないのでしょう？　神的な人間の受肉は象徴の中に啓示されるのではないでしょうか？

ダライ・ラマ一四世にこの瑞兆に関する彼の意見を尋ねてみますと、明確な答えは得られません。最初期の記憶を非常に重要視する大勢の人々とは反対に、自分はそれにはたいした関心はない、と彼は言います。自分が憶えているのは、「遊び回り、乱暴しまくる少年だったが、弱い子たちの味方になる傾向があった」というごく当たり前のことだけだ、と言います。

ダライ・ラマに選出されたあと首都のポタラ宮で過ごした長い年月の間にも、特別なことは何も起こりませんでした。彼は長年家族から引き離され、そのため悲しい想いをしましたが、それを受け容れました。彼は長い年月、教師たちと霊的導師たちの教育を受けました。仏教というのは、禁欲と瞑想によって獲得される特殊な生活態度以外のものではない、と考える人は間違っています。仏教は、すべての有情〔ドイツ語原文では fühlende Wesen＝感情を持つ存在者〕に対する慈愛と憐憫の態度であるばかりではなく、一つの学問でもあります。その経典を学ぶためには、キリスト教神学やユダヤ教のトーラーやイスラム教のコーランの場合と同じように、何年間にもわたる厳しい勉学が要求されます。そして、そこには様々の学問的等級があります。ダライ・ラマは哲学博士にして教授です。われわれ西欧人が仏教の深い真理とその様々な流派を理解しようとすれば、この東洋的神学がどれほど「知的」であるかに驚くことになります。ダラムサラで私は図書館を見ましたが、そこには無数の古い経典、原典が所蔵されています。その一部は中国人の襲撃から救われ、ラサから運び出されたもので、今では世界中の学生たちによって熱心に利用されています。ダラムサラで私は大勢の若者たちを見ました。女性や男性、尼僧や僧侶や在家信徒たちです。彼らの大部分は英語を話していました。というのは、アメリカ合衆国から来ている人が多いからです。仏教に対する「極西」の関心は強いものがあります。これらの大勢の西欧人学生を見て、私の心の中に古い予言の言葉が浮かび上がりました――光は東方より。「東方」という語をどのように理解するにせよ、次のことはたしかです。ヒンドゥー教や仏教という形で伝えられた東洋の影響は、唯物主義から脱却したいという西洋の憧憬に呼応したものです。それは金銭思考、所有妄想、霊的価値の恐るべき貧困化、知性による魂の支配から脱却したいという憧憬です。権力妄想、戦争思考、すべての種類の憎悪と破壊意志から解放されたいという憧憬です。大洋を越えるやわらかな波となって私たちのもとに届いたのは、ダライ・ラマの偉大にして神聖なユートピアです。ダライ・ラマのユートピアとは、非暴力、平和、愛です。

いったい誰がこんなことを想像することができたでしょう――当時四歳の少年が一九四〇年の冬に初めてラサのポタラ宮に入城したとき、彼がとくに魅了されたのは、外国の大使が持ってきてくれた機械のおもちゃや武器のおもちゃであったとは。彼は鉄道列車の模型をもらいましたが、錫の兵隊（ちなみに、彼はのちにそれを溶かして僧侶をつくりました）、望遠鏡、空気銃ももらいました。錫の兵隊を使った戦争ごっこは大好きでした。とても素早く軍隊を配備したが、最後に勝ったのはたいてい彼の兄だった、と彼は語っています。負けると彼は怒り狂いました。

彼は講演の中で再三再四、自分の気性の激しさを話題にします。すべてのチベット人と同じように――と彼は言います――自分は思ったままに行動し、活力に満ち、怒りっぽい。自分の父親と同じだ。私は彼に、中国人の野蛮な襲撃に反撃しないことはつらくはないか、と尋ねます。故郷から追放された若いチベット人たちは、彼をけしかけて解放戦争を起こそうと何度も試みています。彼はそれを断固として拒絶しています。絶対的な暴力放棄は仏教の根本義です。それはまた、イエスが教えたキリスト教の根本義でもないでしょうか？

中国人は最初の襲撃以来ますます野蛮な手段を取っているというのに、チベットが中国に対してあくまでも平和的に対応していれば、チベットはどうして自由になることができますか？　友好的な民族の助けを借りてチベットを解放することも可能なはずでしょう。

いいえ。仏教の根本義には寛容と、人間および人権への尊敬が含まれています。もちろん――とダライ・ラマは言います――中国人に対して否定的な感情をいだいているチベット人は大勢います。彼はあるとき一人のチベット人に、君は中国人を憎んでいるか、と尋ねたことがあると語ります。質問された人の顔は、答えを言う前にひきつりはじめました――「もちろん私は彼らを憎んでいます」。中国人の侵略と、中国の軍隊、警察、行政組織のたえまない存在が、チベットにどれほど大きな苦しみをもたらしたか、そして今でももたらしつづけているかを考えれば、その答えは当然のものです。

チベットは文化財に富んだ古い文化国です。西欧においても知られているラマ・アナゴリカ・ゴヴィンダ〔一八九八〜一九八五年。チベット僧になったドイツ人。本名はヘルムート・ホフマン〕は、何年もチベット中を旅行し、重要な建築物と芸術作品を、中国人に破壊される前に撮影することに成功しました。みずからも古い文化民族である中国人が、かけがえのない文化遺産を野蛮にも絶滅したとは理解しがたいことです。いったい何のために？　それは中国にどんな益があったのでしょうか？

## 敵意の歴史は長い

敵意が頂点に達したのは一九世紀、インドの北の国境においてでした。一八五七年のインド大反乱のあと、千々に分裂していたインドは統一されましたが、統一的な行政はまったくありませんでした。

　チベットとインドの国境はとても長く、両大国の間には、カシミール、ラダック、ブータン、ネパール、ビルマのようなもっと小さな国があります。イギリス政府はここに秩序をつくり出し、条約によってチベットを自国に結びつけようと決意しましたが、失敗に終わりました。「偉人」と呼ばれたダライ・ラマ一三世のもとにあったチベット人は、イギリスとインドの両大国を恐れました。平和的な交渉はイギリス人の政策の一部でした。小さな軍隊を持つチベット人も最初は抵抗しましたが、彼らはイギリスの「武装使節団」に敗れ、ダライ・ラマ一三世はモンゴルに逃亡しました。彼の合法的な代理人は、イギリス人と条約を結ぶ権限を与えられましたが、その条約の中には、外国の軍隊がイギリス保護領の内政問題に干渉するのをチベットが防ぐこと、さらに、イギリス領インドとの交易を強化するために、三つの交易場をつくることも含まれていました（一九〇四年のチベット－インド条約）。条約が調印されるとすぐに、イギリス人は撤退しました。今度は中国人がチベットを自国に結びつけようとすることが予想されました。彼らはダライ・ラマのモンゴルへの逃亡を、チベットは自立的な国ではなく、中国人のもとに保護を求めているしるしだと見ました。

　中国人はダライ・ラマ一三世に、チベットに戻り、ラサを政庁所在地にするように説得しました。彼が一九〇九年一二月に帰国するや、中国の軍隊がたちまち進駐しました。ダライ・ラマはイギリスの保護のもとに逃れました。条約によれば、イギリス人が今やチベット人を助けるために駆けつけなければならないはずでしたが、彼らはそうしませんでした。中国人を追い払ったのはチベット人自身でした。一九一二年にダライ・ラマはふたたびラサに入城し、チベットは公式に独立国として承認されました。そのあとには内政問題が山ほど起こりました。というのは、ダライ・ラマはいわば改革派「教皇」だったからです。しかし、チベット人は保守的で、どれほど理にかなったものであっても、すべての改革を拒絶しました。死刑の廃止とか、郵便制度の導入とか、役人への給料の法制化とか、そのほかの多くの事柄です。

しかし、彼は大きな過ちを犯しました。彼は他の国々から軍事専門家を招いたにもかかわらず、近代的な軍隊をつくることに失敗したのです。死の前に彼は、もしチベットがあらゆる近代化に国を閉ざすならば、チベットは占領されるだろう、と書きました。人々は彼の言葉に耳を傾けませんでした。すべてのものはこのままったくうまく進行するように思えたのです。生活状態は悪くなかったし、飢える者はいませんでした。しかしながら、封建国家のあらゆる過ちを伴った後進的な状態が支配していました。そのことは中国人にも進歩的な思想のチベット人にも気に入りませんでした。

今日のダライ・ラマも、当時のチベット政府の失敗について率直に語っています。その数々の失敗は古きよき体制を空洞化してしまいました。そのため、中国人には古い体制の打倒が容易になりました。それが起こったのは一九五〇年の夏のことです。

かくも困難な時代に誰がチベットを指導すべきだったのでしょうか？　ダライ・ラマはちょうど一五歳でした。仏教哲学と仏教文学の若い学者ではありましたが、彼自身の言うところでは、政治については何も知っていませんでした。にもかかわらず、今や彼が国家の指導を引き受けなければならないのです。今まで遊び、勉強し、瞑想し、高度な哲学の領域に精通し、タントリズム（密教）の神秘をも深く知ってはいたが、外交については何も知らず、チベットを襲撃するために軍備を増強していた中国人についてさえ、詳しいことは何も知らなかった彼がです。

一九五〇年の夏のある日、ある出来事が起こったとき、彼はまだ何も知りませんでした。それを人々は最初、チベットによくある地震だと考えました。次には中国人の軍事的なテストだと考えました。しかし、爆発音が長いあいだ続き、しかも周辺七〇〇キロメートルにわたって聞こえました。とりわけ、その爆発音には、爆発が起こっていると思われる地域から発する強い光が随伴していました。こうした事態は、オーストリア人ハラー（若きダライ・ラマの友人の一人）の科学的な説明にもかかわらず、チベット人たちには神秘的な凶兆に思えました（ハインリヒ・ハラーはオーストリアの登山家。チベット宮廷に仕えた経験を『チベットの七年』という著書で叙述した）。今日では、それは中国の一連の核実験であったと考えられます。

実際の事態がどのようなものであったにせよ、チベットの状況は見るみるうちに悪化しました。中国軍の国境侵犯は挑発行為でした。もちろん、八五〇〇人の軍隊のチベットは、勝ち誇った「人民解放軍」の敵にはなりえません。そして中国の人口はチベットのそれよりも百倍も多いのです。その上チベットは、中国が持っている近代的な兵器を持っていませんでしたし、軍事的な訓練も不十分でした。なぜなら、仏教国においては殺生は禁止されており、動物や人間を殺す人々は劣等であると見なされていたからです。能力ある指導部が存在せず、とりわけ最高指揮官が存在しませんでした。一五歳のダライ・ラマは成人したと宣言され、彼の顧問たちの多くは若すぎると見なしたにもかかわらず、彼に政治的指導がゆだねられました。しかし、事態は切迫していたのです。

北方地方からは悪いニュースが伝えられ、肉体的、心理的拷問の生き証人がやってきました。ダライ・ラマの兄はひどく拷問され、見分けがつかないほどの体になっていました。

私自身も一九九四年八月に拷問の傷痕を見ました。ダライ・ラマの侍医は二一年間中国の牢獄に閉じ込められていたのですが、髪をそり落としたその頭には、殴打でできた太い傷跡がついています。それは中国人の看守によって加えられた傷です。

しかし彼は、ダライ・ラマ自身が怒りなしに中国人について語るように、憎しみなしに彼らについて語ります。彼にとっては中国人も人間、つまり兄弟であり、同じアートマン（神の霊）によって生かされているのです〔ヒンドゥー教の理解によれば、アートマンは人間の不滅の真我〕。劣悪な装備の弱小なチベット軍の勝ち目のなさを度外視しても、絶対的非暴力の原理のために、中国に対する蜂起は禁じられていました。チベットの運命は決まりました。中国軍の侵攻と中国への併合は眼前に迫っていました。

人々はダライ・ラマの生命を心配し、彼を無理やり逃亡させました。まず彼の即位が行なわれました。彼は今や宗教的指導者であるばかりではなく、六〇〇万チベット人の君主にもなったのです。彼は大赦を行なって即位の日を祝いました。彼は、空っぽの牢獄を見てとても悲しかった、と書いています。というのは、それまで彼の話し相手であった囚人たちがいなくなったからです。それでも、多くのチベット人に自由への道を与えることができてうれしく思いました。しかし、何という自由でしょう！　僧侶の追放、尼僧の強姦、強制断種、拷問、財産没収、駆逐、強制労働。完全なジェノサイドが計画され、一部は実行に移されました。今日なおチベット人は祖国から逃亡しています。私自身一九九四年に、長くて困難で危険な逃亡をして、新しい王宮所在地であるダラムサラのダライ・ラマのもとに逃れてきたいくつかの家族たちのグループを見ました。結局のところ、ダラムサラへとダライ・ラマ自身が逃亡しなければならなかったのです。チベットから世俗的・宗教的元首がいなくなれば、チベットという国家はおのずから崩壊する、という正しい予想のもとに、中国人が彼を殺そうとしていることが確実になりました。それがわかったあと、ダライ・ラマは仏教的・ヒンドゥー教的隣国であるインドに亡命を求める決心をしました。そのとき以来、つまり一九五九年以来、北インドのダラムサラは、政府の所在地、すなわち行政府と国会に似た評議会の所在地であるばかりでなく、素晴らしい図書館と大学の所在地でもあり、そのことによってチベット仏教の霊的中心地になったのです。

平和の国に関する偉大なビジョンを持った男性はここに居住しています。ここを出発地として、彼は世界の多くの国々への大旅行を行なっているのです。それは、人類の暴力なき共生についての彼のメッセージを広めるための旅行です。

そして、この地へと私は招待されたのです。

# ダラムサラへの旅

ダラムサラへ行く、と友人たちに告げたとき、多くの人たちは、それはあまりに大変な旅だ、と言いました。なんといっても、ダラムサラはヒマラヤ山中にあるのですから。今日ではそんなのは簡単だ、と言う別の人たちもいました。デリーまで飛んで、そこから何かのインド国内線でインドのどこかの空港に飛び、そこでヒマラヤ山脈の山すそへと登ってゆくバスに乗れば、もう《そこ》だ、というわけです。

旅行とそのほかの一切のことを手配してくれたのは、私の若い友人であるウーヴェ・モラヴェッツでした。一人ではこの旅をすることはできなかったでしょう。もちろん、デリーまでは簡単です。そこにはもう何度も行ったことがあります。でもその先は？　それは旅行会社が手配してくれました。会社は私たちをオールド・デリーの端にある小さな空港に運んでくれました。私たちは搭乗し、飛び立ち、そして三〇分後にまたもとに戻ってきました。というのは、私たちを待ちうけていたのは、四週間も早く始まったモンスーンだったからです。次にいつ飛び立つことができるか誰もわかりませんでした。そういうわけで、私たちはまた灼熱のデリーにとどまることになりました。東南アジア旅行をしたことがある人は、不快な種類のハプニングには慣れています。待機、待機。当てにならない出発案内。暑さ。群衆。最終的に飛行の取りやめが決定。ヒマラヤへ飛ぶ飛行機はない。しかし、列車がある。夜遅く。寝台車。旅行会社は有能。やっぱり行くわけだ。私たちははてしないインド平原を横切っていく。私たちはチベットにいるのではない。今はそこに行くつもりでもない。チベットとはどこか？　ダライ・ラマがいるところ、彼がどこにいようと、そこがチベット。私たちはもう空間的には彼に近づいている。

私たちは朝、駅のうしろの小さな広場に立っている。列車が出ていく——私たちを乗せないで。私たちはタクシーを見つける。がたがたの車。ここでほかの車を見つけられると思うのは、経験のない西欧人だけ。私たちに必要だったのは、よい車ではなく、よい道路のほうだったのだろう。昔はよい道路もあった。イギリスの植民地支配の時代につくられた。その跡はぼろぼろになったアスファルトの軌道として残っていた。山道を登るカーブだらけの骨の折れるドライブ。これがヒマラヤ。途方もなく巨大な山塊の末端部の一つで、海抜一八〇〇メートルの高さまでは樹木におおわれている。ダラムサラ村のある谷間に入ると、比較的大きな村。その村を横切ると、最後の登り。ときどき断崖に恐ろしくなるほど近い非常に狭い道。その崖は最近の大地震によって口を開け、モンスーンの雨に洗われてできたもの。大勢の人々。数台のジープが反対側からやって来る。それを避けるために脇に寄らなければならない。一八〇〇メートルを目指してますます高く登る。この上がダライ・ラマの政庁所在地。道路にへばりついた狭い村。建ち並ぶバラック、売店、雨で軟弱になった道、人間の群は大部分が地元の人々。みんなやさしく微笑んでいる。多くの人は胸の前で合掌し、軽くお辞儀する仏教式の挨拶をする。自分の運命に満足している貧し

き人々。乞食はごくわずか。色彩鮮やかなチベット民族衣装を着た婦人たち。自分たちで編んだ衣料だ。栄養状態のよい明るい子供たち。黄・赤・紫の袈裟を着た若い僧侶たち。雨のうすら寒さにもかかわらず、たいがい右腕を外に出している。頭は剃られている。真面目で明るい顔。人種と宗教が入り混じっている。仏教徒、ヒンドゥー教徒、イスラム教徒、キリスト教徒、巡礼者、観光客、学生。ここがダライ・ラマの本拠地。政府の建物、学校、寺院、修道院の集合体。それだけでまとまった独自の世界。霊性の島。平和の島。

人間の間には動物。犬、道ばたの小さな林には灰色の小さな猿の群、主要道路の真ん中には牡牛。傷を負っていて、左側の蹄が関節のところで折れて内側に曲がり、そのまま固定化している。ヨーロッパ人である私は、獣医はいますか、と尋ねる。人々のびっくりした顔。「何のために？その牛はずうっとそうでした。そのままで誰にも迷惑をかけません。運命です」

東プロイセン出身のドイツ語を話す尼僧も、それはカルマのなせる業だ、と言います。おそらくその牛は前生で、まさにその蹄で別の動物を蹴り殺したか、人間を傷つけたのでしょう。牛は今その行為の償いをしているというわけです。でも、そんなことは誰にわかるでしょう。そんなことではないのに違いありません。しかし、やはりそうなのかもしれません。なぜなら、いかなる行為もそれに応じた結果を持つからです。それは仏教だけの見方ではありません。

私はこの牛くんに同情し、彼にニンジンを一たば買い与えます。しかし、彼はニンジンは嫌いで、私が彼の口の前に差し出すハクサイのほうを好みます。微笑む人は誰もいません。それが正しいのです。生きとし生けるものへの同情は仏教の基本的態度ですが、それは理性ある同情でなければなりません。いつ誰を助けることができるかを知っていなければなりません。

私は牛の運命に心を動かされます。新たに生まれ変わったとき、私が何のために、そしてどのように苦しむことになるか、私は知っているだろうか？　誰が私に一たばのニンジンを恵んでくれるだろうか？

誰にこのような考え方が馬鹿げているとか「異端的」だと思えるでしょうか？　キリスト教徒もまた、煉獄、すなわち浄化の場所あるいは浄化の火と名づける、ある「場所」の存在を信じているのではないでしょうか？〔ドイツ語では煉獄は Fegefeuer、浄化する（fegen）火（Feuer）という〕現世的な生存の中にいる未完成な魂である私たちに、「別の場所」（別のあり方）において、より高次の存在次元に向かって自分を浄め高め上げる機会が与えられては、なぜいけないのでしょうか？

ダラムサラのかわいそうな牛は、私にとっては希望のしるしであって、自分で招いた処罰への恐怖のしるしではありません。そこに滞在していた日々の間、この牛に出会うたびに、私はこう言って彼に尊敬の念を示しました。「牛くん、君も救われるのよ」

この牛に希望に満ちた同情を感じるようになって、私はすべての被造物に対する愛情が強くなりました。そして、またまたキリスト教を恥ずかしく思いました。キリスト教は、自然の全領域と同じように、動物もまた劣等なものと見なしているからです。全被造物の神性を否定することは、神に対する大変な反逆です。キリスト教会はその最大の聖者の一人の声に、なぜ耳を傾けなかったのでしょうか？　それは、地上の全存在と天体を兄弟姉妹と呼んだアッシジのフランチェスコ〔一一八一〜一二二六年〕です。教会創始者の誕生の場に牛とロバが居あわせたという聖書の物語から、教会はなぜ神学的な帰結を導き出さなかったのでしょうか？　愛の神であるこの創始者がそれに乗ってエルサレム入りした動物がロバであることを、ロバについてそれ以外のことが何も思い浮かばないのであれば、教会はなぜわざわざ言及するのでしょうか？　動物には「たましい」がないというのは、神への何という愛情なき反逆ではないでしょうか？　創造主は動物にも生命の息を吹き込んだのではなかったでしょうか？　ですから、動物もまた神性を共有しているのではないでしょうか？

インド人には次のような素晴らしい言葉があります。

神は岩石の中で眠る
神は植物の中で目覚める
神は動物の中で動く
神は人間の中で意識となる

私たちヨーロッパ人が「異教徒」だったころ、自然界の現象を「神」と見なしていたことも、私たちは知っていました。ちなみに、新約聖書外典の一つには、「汝が石を踏むとき、汝は我を踏むのである」という言葉があります。

楽園では小羊がライオンの隣に寝ていました。約束された平和の国ではそうなることでしょう。ダラムサラには野獣はいません。野獣がいたとしても、人々はそれを殺さないでしょう。というのは、ときどき起こる政治的な対立にもかかわらず、ここを支配しているのは、基本的には人々の間の愛情と忍耐であるからです。ここはダライ・ラマの国であるからです。ブッダの国であるからです。

政府の建物は村のいくらかはずれの下方にあります。ラサにあるかつての政庁「ポタラ」の写真を知っている旅行者にとっては、亡命政府の所在地を見ることはかすかなショックです。彼の地には、何百もの部屋のある城塞都市、古い芸術作品であふれた華麗な建築物がありました。ここにあるのは、内庭のついた背の低い簡素な家々の集まりです。内庭は植物が植えられ、きれいに手入れされています。すべては、インド人にその土地をまかされたチベット人難民の手によって植えられたものです。亡命政府の所在地を守っているのは、どちらかというと象徴的な意味の防衛施設だけです。それは門がいくつかついた格子柵の壁で、主要門は兵士たちによって警護されています。私たちは招待されていた、つまりダライ・ラマの怪しくない友人であったにもかかわらず、兵士たちに荷物の検査をされました。一人の僧侶が私たちを控えの間に案内してくれました。質素なヨーロッパふうの家具がいくつか置いてある飾り気のない部屋です。チベット芸術の証人である二、三の壁掛けを除いては、私たちがすでに宗教的巡礼所の控え室にいることを示すものは何もありません。

横の扉が開く前でも、私はダライ・ラマが近くにいるのを感じます。彼は生命的であり同時に知的・霊的でもある活力の持ち主で、その光輝を前もって送ってくるのです。

彼が現われます。もうよく知っている姿です。身分を示す何の飾りもつけない質素な仏教僧です。片方の手首には色とりどりの二重の数珠をかけています。それは装飾品ではありません。それは「マラ」と呼ばれる、キリスト教の「ロザリオ」に相当する祈禱用の数珠です。

私は以前の出会いのときと同じ想いになります。私は沈黙し、この男性の非常に強い輝きを受け取りたいと思います。私たちは見つめあいます。私たちはとても心をゆるしあっているので、そのあとのある日のこと、話題が「輪廻転生」のことになったとき、私は彼に、二人は前生の一つですでに知り合いだったのではなかったか、と思いきって尋ねてみました。彼はこういう質問に答えることを好みません。なぜなら、そういう質問は思弁的ですし、彼は、神秘家であるにもかかわらず、まったく「現代的」であるからです。過去に向かってではなく、未来に向かって考え、しかも合理的でもあり直観的でもある思考をするからです。それにもかかわらず、彼は私の質問にこう答えます。「今生において非常に親しい人々は、過去世においても一緒にいたのです」

私はこの答えで満足しなければなりませんし、満足します。とくにそのとき彼が私の手をしっかりと握ってくれたからです。

## 平和対話の開始

しかし、私が彼のもとにやってきたのは、「秘教的」な会話をするためではなく、とりわけ具体的・政治的な会話をするためです。「平和」という大きなテーマに関する対話です。

ウーヴェと私はこの対話にそなえてきました。私たちには特権的な立場が与えられています。ほかの誰が、まる一週間、毎日二時間半、他人をまじえないでダライ・ラマと直々に謁見できるでしょうか？（通訳と、録音担当の僧侶がいるだけです）ダライ・ラマは英語を話します。それは私の英語と同じくらい間違いだらけの英語です。そのため、私たちはできるだけ単純な言い回しを使わなければなりませんが、そのことによって、私たちの対話には簡潔な明快さと直接性が生まれます。困ったときには、完璧な英語を話すウーヴェが手助けしてくれます。ずっと居あわせている僧侶も、チベット語を英語に翻訳するとき、ときどき口をはさんで修正してくれます。このようにして、実際のままの録音が最終的につくられます。

私たちはプレゼントを持参しました。ダライ・ラマの生年に作られた三個の懐中時計です。彼はすべての技術製品と同じように懐中時計にも興味を持っています。すでに子供のころに時計を分解したが、いつでも元通りに組みたて直すことができたわけではなかった、と彼は語っています。技術に愛着をいだく彼は、私たちの時代の子であることを示しています。中国人の技術的発展に対する彼のアンビヴァレントな賛嘆と、彼の先行者のもとで技術がないがしろにされたことに対する彼の怒りは、そこから生まれています。私はこのあと金銭の形でもプレゼントをするつもりです。拙著『尾根歩き』〔カトリック神学者カール・ラーナーへの書簡集。訳者あとがき参照〕の印税はダラムサラに寄付されます。ダライ・ラマの妹が運営している難民子供村へです。

ダライ・ラマのもっとも重要な言葉の一つは、「平和は汝自身のうちで始まる」というものです。

大きな、一見解決不可能な世界政治的な問題について話すときにも、私たちは個々の人間について話をしなければなりません。

私はダライ・ラマに、オーストリアの学校で一八歳の生徒たちの教室で私がした経験を話します。私たちは世界の不幸について話し合いました。世界をよくするために、私たちには何ができるでしょうか？

「何もないね」と一人の生徒があきらめたように言います。別の生徒――「だってぼくが悪いんじゃないもん」。三人目――「ぼくはどんな政治にもタッチしないようにするよ。そうすれば自分の手が汚れないからね」。その瞬間、私は一つのことを思いつきました。私はこう言います。「この机をたたいてごらんなさい！」「どうして？」「まあいいから、たたいてみて」。彼はそうします。私の質問――「君はいま何をしたの？」「えーと、机をたたいたよ」。私――「君はこの机板の分子を運動させたのよ。この運動、この振動は、この机のへりで終わると思う？　それはどこで終わるのかしら？　宇宙の中でよ。だから君は、君の小さな個人的な運動で、宇宙の中の何かを変えたわけよ」

不意をつかれてクラスは黙り込みました。生徒たちは理解しました。

そういうわけで――と私は言います――個々人の平和な心、平和への意志は、一見何の意味もないように見えるかもしれないけれど、世界平和を増大させるために貢献することができるのよ。でも――と一人の生徒が言います――そうやってどんな行動によっても（「どんな想念によってもよ」と私は言葉をはさみます）人類の状態に関わっているんじゃ、私生活というものがなくなりますよね。

そうよ――と私は言います――その通りよ。私生活というものはないのよ。すべての生命は一つなのよ。

その通りです、とダライ・ラマは言います。彼にとっては、私のこの話はすでに次回の対話のテーマに属するものです――若者の平和への教育というテーマです。

この問題は私の次のような問いかけによって、世界政治のレベルへと拡大され、具体的な形を取ります。「平和な中立国が襲撃されたなら、それはどのように行動するか？　チベットが中国人の侵略に自己防衛しないのは、正しい行動なのか？　小さなボスニアはセルビア・ロシアの襲撃を無抵抗に引き受けることができるか？　ヨーロッパ諸国はヒトラー軍の侵略を唯々諾々と甘受すべきだったのだろうか？　連合国が、ヒトラー軍だけではなく、無防備な一般市民にまで残虐な攻撃を加えて、ヒトラーの征服活動を終わらせたことは正しいことだったのか？　徹底的非暴力という仏教の態度は美しいユートピアにすぎないのではないか？　そして、汝の敵を愛せというイエス的・キリスト教的態度は？」

問題をあまりに拡大するのはやめましょう。民主主義の政治的理念についてはどうでしょう？民主主義は、一つの国の市民たちが、もっとも重要な権利と義務に関して平和的な、少なくとも非暴力的な合意を結ぶことに基づいているのではないでしょうか？　民主主義とはそれ以外の何でしょう？

それはイエスの教えを想起させます。彼は何百もの戒律と禁令のかわりに、ただ一つの戒めをはっきりと打ち出しました――「汝らの同胞を汝ら自身と同じように愛せ」という戒めです。しかし、本来意味されているのは、隣人を自分自身以上に愛せ、ということなのです。他人の見解と権利に対する愛と尊敬は、民主主義の基盤であり、正しく理解された社会主義の基盤です。社会主義の原則とは、公共の利益を個人の利益の上に置くということです。真の社会主義における精神的態度は、まず他人のことを考えるということです。

ダライ・ラマは言います――共産国家は通常、民主的な憲法を持っていますね。残念ながら、民主主義はしばしば紙の上だけのものですが。

民主主義は仏教の教えと矛盾しないのでしょうか？

チベットの過去においては、政府は民衆によって選ばれませんでした。それでも今日、ダライ・ラマは民主的に統治しています。

今日では一種の国会が存在し、それは議決を行ない、議決はダライ・ラマによって署名されます。全体の意見が一致し、いったん議決が作成されると、ダライ・ラマでさえ簡単には何かの変更を加えることはできません。意見が一致しないときは、新しい草案が作成されなければなりません。形式的に見れば、ダライ・ラマはただ提案をすることができるだけです。もちろん、集会が違った意見の多数派の圧力を受けることもあります。そういうときは、すでに述べたように、ダライ・ラマが決定します。

話がここまで来ると、ダライ・ラマが笑います。なぜなら、彼は自分も間違うことがあると自覚しているからです。ダライ・ラマという存在は「無謬の」教皇ではありません〔教皇の無謬性はカトリックの教義の一つ〕。実際的には、最終的決定は議会の承認を受けて議会でなされます。

そうです——と私は言います——カトリック教会でも理論的にはそのように言われているのです。しかし、この前の公会議においてカトリック教会は、教皇選出を議会的に行なうことにはっきりと反対しました。倫理的な問題や法的な問題に関わる個々の通知でも、最終的な決定をするのは教皇です。

私たちカトリック教徒の間では、聖霊ご自身が教皇選出を導く、と言われています。チベットでも似たように行なわれるのではないでしょうか？　民主的な選挙が新しいダライ・ラマを決めるわけではありません。一種の神託——そのように呼ぶことができるでしょう——によって決められます。

この機会に、私はチベットの神託という現象について質問してみます。二つの神託があります。一つはトランス状態に入った霊媒で、すべての人がその霊媒に質問することができます。私も自分のことでその霊媒に質問しました。もう一つは国事的神託です。私はそのようなことの実践にはある意味では慣れていて（たとえば『易経』に尋ねてみたりして）、事柄自体にはあまり驚きませんが、ダライ・ラマのような現代的人間がそのようなものを信じているということには、やはり少し驚きました。しかし、なぜ信じてはいけないのでしょう？　彼は神託にはめったに尋ねませんし、尋ねるのは非常に重要な決定のときだけです。私はあえて心理学的な説明をするつもりはありません。私は霊的な説明を受け容れます。

## 政治に慈悲心？

ダライ・ラマは人間関係における「慈悲心」の重要性を繰り返し強調しています。どのようにして慈悲心を学ぶのでしょうか？　特別な瞑想テクニックでもあるのでしょうか？
もちろんです——とダライ・ラマは言います——私たちと相手の間で役割を交換するのですよ。私は相手の立場に身を置き、相手は私の立場になります。このことはすべてのブッダと菩薩が教えました。すべての偉大な導師は、自分自身の涅槃における至福よりも、他人を愛するという決意を、彼らの教えと実践の核心にしました。そのようにして、彼らは他人の希望と願望を成就し、自分自身のそれをも成就することに成功したのです。なぜなら、他人の痛みと苦しみを鎮めることは、自分にも喜びをもたらすからです。

このことは個人にもあてはまりますし、すべての民族にもあてはまります。もし私たちが相手の立場に身を置けば、彼らの闘争心、彼らの願望、彼らの反応、そして暴動や戦争を起こす彼らの動機も理解できます。そのようにして私たちが他者を理解することを学べば、私たちはついには、彼らのために自分を犠牲にすることさえもできるようになるのです。キリスト・イエスはそれを行ないました。彼はそれを自分の弟子や信者に要求しています。政治の世界にも、他者のために自分を犠牲にする人々は存在します。

マスメディアは慈悲心への教育においてどのような役割を演じるのでしょうか？

メディアは毎日、地球上の人間の苦しみを報道しています。メディアはしかし、おもに否定的なことを報道し、読者や視聴者の中に、人間というものは根本的に、つまり本性的に残虐で闘争的なのだ、という印象を呼び覚ましています。私は——とダライ・ラマは言います——その反対のことを確信しています。人間の肯定的な側面は大部分の人には興味深くないのです。たとえば、子供をかかえて苦労しながらも立派に生きている母親がいるとします。彼女の行動は普通のことで、そもそも当たり前のことです。しかし、メディアにとっては、人間性に背く異常な行動のほうが興味深いのです。それは大見出しで報道されます。ニュースというものはセンセーショナルでなければなりません。大見出しによって新聞を買うように刺激しなければなりません。マスメディアのために働いている人々は、彼ら自身もまた、自分たちが悪口を述べている人類の一部である、ということを忘れています。彼らの中の誰が、自分もまた否定的な出来事に責任があるのだ、ということを考えているでしょう？　そして、憎悪や殺人へと扇動していることに自分も責任があるのだということを？　自分が金を稼いでいるのは、人間の本質を邪悪に歪曲することによってであるということを？　悪い報道は、人間の潜在的闘争心を恐怖によって抑止するのではなく、むしろそれに刺激を与えることになります。殺人犯は英雄です……。その反対の肯定的なニュースはあまりに弱く、あまりにまれです。否定的なニュースはせいぜい、犠牲者に対する一時的な同情と犯人に対する一時的な怒りを呼び覚ますだけです。それは、他者の痛みを自分のそれのごとく感じる真の慈悲心からはほど遠いものです。政治家たちはマスメディアを、自分たちの国家的な目標や党派的な目標を貫くために利用し、慈悲心への教育や共同責任の自覚のためには用いていません。

あなたは将来のチベットの役割をどのように考えていますか？

私の構想は、近隣諸国が同意してくれれば、実際に実現できるものです。それは、東西の緩衝国としてのチベットというものです。平和のゾーンです。誰もが煩わしい手続きなく入国でき、誰もが他人の幸福を自分の幸福と同じように望むので、ほとんど法律がなく、人々は自分を守ってくれるそのわずかの法律を守るので、ほとんど刑罰が行なわれない国です。嫉妬や憎悪を起こさせないような条件をつくり出さなければなりません。ほかの人よりも成功する有能な人というのはいつでもいるものですから、所有状態の相違というものはたしかにありますね。しかし、所有は一定の限界を超えないでしょう。過剰分は分配されます。そもそもチベット経済ではいかなる所有も分配されるべきなのです。没収ではなく分配です。経済成長の自発的な抑制です。生きるために必要ではない消費財の断念です。そしてもちろん、徹底的に非武装化された地域になります。チベットは、自国内も平和で、近隣諸国とも平和に、最終的には全世界と平和に暮らすことができる国の模範となるのです。

第二次世界大戦後すぐに設立された国連は、今日どのような役割を演じているか、あるいは演じるべきかということを、私たちは国連に問いかけておりますが。

国連の創設以来——とダライ・ラマは言います——国際情勢は変化しました。新たに考え直さなければならない点がたくさんあります。たとえば、国連の運営が民主的か、という問題です。そこには拒否権の問題があります。五つの国がいつでも優遇されています。五大国です。国連が一つの決議を行なおうとすると、そのためには三分の二以上の多数の賛成、つまり約一五〇の加盟国のイエスかノーを必要とします。そのような多数が形成されないと、大国の拒否権に対しては何もすることができません。これではどこに民主主義があるというのでしょうか？　そのほかにも、国連に集まっている各国政府の代表は、自分の国と自国の利益を優先させています。国連には、全人類の幸福を目指すグローバルな態度が欠けています。この国際機関はしばしば各国の利益に影響されていることが明らかになります。国連が、自分自身ではいかなる倫理的な行動も行なわず、国家的な利益を代表している各国政府の代表者から成り立っている以上、どうして国連に倫理的行動を期待できるでしょうか?

政府代表者は、自分たちは一般国民の利益を代弁している、と言いますが、彼らは一般国民を真に代表しているわけではは全然ありません。国連の間違った決定に修正的影響を行使できる、上位の委員会がつくられなければなりません。すでに、グローバルな態度を代表するそのような一種の委員会が存在します。それは、全人類を包括する次元で思考する自然科学者たちと哲学者たちです。その超国家的な委員会は、慎重に選出された人々で構成されなければなりません。政治的経験によってグローバルな態度を持つにいたった政治家も、それに加わるべきです。この委員会は、兵器の製造とその売買もコントロールしなければなりません。

## そもそも武器は必要か

武器があると戦争が起こります。それぞれの武器の一部の部品を――とダライ・ラマは言います――別の国で造るように、兵器産業を組織化することができるでしょう。それも、ごく限られた種類の武器を限られた数量だけ製造して、国際的な委員会で厳しく監視するのです。国際軍を提案するならば、それは、必要な場合には、やはり武器を持たなければなりません。独自の恒常的な軍隊を持つ共通の最高司令部が存在しなければなりません。その国際軍の力によって、そのつど国家軍を強化するのです。

私の質問――それが真の解決でしょうか？　武器工場を閉鎖したり、生産を削減しただけでも、経済に悪影響を与えますよ。

最初はそうなるでしょう。経営が悪化する企業が多く出るでしょう。しかし、武器工場は平和的な目的に奉仕する生産活動に転換できるのではないでしょうか？

私の異論――たとえばドイツのクルップ社に、生産を転換しなければならないということをどうやって納得させることができるでしょうか？　何に転換させるのでしょう？　軍需製品以外の製品のための市場はどこにあるでしょう？

武器問題については――とダライ・ラマは言います――私はクリントン大統領と話し合ったことがあります。彼は、まず警察の武器を強化しなければならない、と述べていました。

まあ――と私は言います――それはアメリカではもうやっていますよ。すべての市民が警官になっていいんですからね。それでどうなりました？　誰でも武器を持っていいんです。それどころか武器を持つべきなんです。自衛のために？　それともお互いに威嚇しあうために？　それとも個人の安全のための幻想的な保証のために？　映画とテレビによっていたるところに広められている不安感を防ぐ手段として？　その結果は、人間の人間に対する完全な不信感に基づく、完全な警察国家でしょうね。いつでも攻撃しようとぴりぴり身構えている態度が、防衛ということに言い繕われるのです。いいえ、そんなやり方はいけません。警官が百万人いても、犯罪も腐敗も防止できません。それに警官自身も腐敗する可能性がありますし。

この問題には――とダライ・ラマは言います――別の側から対処しなければなりませんね。教育と家庭です。私たちに必要なのは中産階級が厚い社会、よい経済状態、産児制限、よい職業訓練を受ける可能性、よい学校制度です。しかし、学校制度はただ知識を伝達して知性を高めるだけではなく、心の教育を重視しなければなりません。知的教育、精神的教育、霊的教育が並行して行なわれなければなりません。ある国民が一つの世代を霊的に教育すれば、つまり智慧と慈悲心へと教育すれば、その国民はよい政府を持つことになるでしょう。そのときは、真の民主主義が正しい統治形態ということになります。

私たちの政治家たちは、私的あるいは党派的な利益にお伺いをたてるかわりに、より高次の理性にお伺いをたてたほうがよくはないでしょうか？　その高次の理性とは、国民の集合的意志あるいはグローバルな利益から生じてくる理性です。一つの国の、あるいはすべての国々の最善の人々の理性を集めて、一つの集合的な良心とすることはできないでしょうか？

ダライ・ラマは、民主主義の危険性はその不安定性にあると見ています。選出された議員はある一定の期間しか責任を持たず、そのあと交代します。

私が笑いますと、ダライ・ラマはなぜかを理解します。そうですね――とダライ・ラマは言います――イタリアでは政権交代がちょっと多すぎます。日本もすでにそれを見習っていますね。しかし、交代それ自体は、もっとも有能な人々にチャンスを与えるものです。

私の異論――もっとも有能な人たちがいればいいのですが。腐敗がなければいいのですが。買収に動かされない最高の指導者がいればいいのですが……。いたるところにダライ・ラマがいればいいのですが！ 信頼を寄せることができる権威者がいればいいのですが！ しかし、私たちが体験することといえば、失望につぐ失望なんですよ。

ダライ・ラマは言います――私の見解では、政治家の道徳的完璧さは、彼らが生きている社会によっても決まります。社会が腐敗に汚染されていれば、個々の政治家が清潔であることを、私たちはどうして期待できましょう？ 政治家の質は社会の倫理的な質に依存しています。ですから、この問題は、家庭、教育、経済、文化の領域を含む社会全体に関わっているのです。大きな政治はごく小さな領域から始まります。非暴力は家庭の中で始まります。世界平和は個人の中で始まります。

## 諸宗教における暴力の問題

ダライ・ラマは語ります――私がイスラエルで、すべての人間は例外なくその心の内奥で善良である、と話したとき、こういう叫び声が上がりました――ヒトラーもか？　ヒムラーもか？　アイヒマンもか？　人々に大変な苦しみをもたらしたすべての人間もか？　私は言いました――そうです、彼らもです。翌日、イスラエルの新聞に、ダライ・ラマはたしかに平和の人間だが、少しばかり浮き世離れしておめでたい、と書かれました。さて、私はいかなる種類の暴力にも反対です。したがって、ナチズムにも反対です。しかし、私が否定するのはその事柄、行為であって、それを行なった人間ではありません。私には、誰かを憎んだり殺したりする権利はありません。あるイデオロギーを否定することと、その信奉者を殺すということの間には違いがあります。

政治的操作という問題があります。イスラムについてはどうでしょうか？　イスラムは非常に多くの攻撃的行動を示すので、西側に不安を与えていますね。

私は言います――さあ、それはカルマの問題にもなるのではないでしょうか？　ヨーロッパのキリスト教徒は十字軍の時代に、イスラム教徒の間でひどい暴行を行なったではありませんか？私たちはその結果を受けているのでしょうか？

ダライ・ラマ――すべての宗教と同じように、イスラムにも肯定的側面、肯定的力があります。コーランを読んでごらんなさい。そこには外的な平和と内的な平和について多くのことが語られています。キリスト教と同じです。書かれていることがいつでも、いかなるところでも実行されているわけではありませんが。しかし、一つだけたしかなことがあります。私たちがイスラム教徒を不信の目で見れば見るほど、彼らを恐れれば恐れるほど、政治情勢はそれだけ緊迫するということです。私たちは、隔てるものよりも共通するものを求めようではありませんか。そして共通するものはたしかにあります。スーフィーの神秘主義〔スンナ派の律法主義・形式主義への批判から生まれたイスラム神秘主義〕、仏教の神秘主義、キリスト教の神秘主義がそれです。私たちがイスラムとの対話をより多く、より真剣に求めれば求めるほど、私たちはよりよく理解しあうのです。たとえまだ理解しあえなくても、私たちは平和な心でお互いを認めあわなければなりません。もちろん、イスラム教の原理主義は他のすべての宗教の原理主義と同じようにひどいものですが。

　そうです――と私は言います――キリスト教原理主義の名において、大勢の人々が殺されてきました。ユダヤ教徒、イスラム教徒、ヒンドゥー教徒、キリスト教の異端者、魔女とされた女性たちです。すべては平和をもたらす者であるイエスの名において行なわれたのです。ダラムサラではすべての宗教の信者たちがお互いに平和に生きています。しかし、それが可能なのはただ、ここが全体を見渡すことができるとても小さな村で、そこではどの人も他の人々の善意によって生かされているからにすぎません。このようなあり方を世界政治の場に移すことができるでしょうか？　たとえばドイツでは、五〇〇年前、キリスト教徒が殺しあい、教会がプロテスタント・福音主義教会とカトリック教会に分裂し、三〇年間にわたる血なまぐさい戦争が起こりました。イエスの名においてです。二、三の神学的命題のために、個々の領主の権力のためにです。そしてそのあと、プロテスタントはルター派、カルヴァン派、ツウィングリ派に分かれ、カトリックは英国国教会、ローマ・カトリックに分かれ、等々ということが起こりました。分裂、憎悪、敵意、戦争、狂気、狂気。イスラム教徒も自分たちの間で戦っています。シーア派とスンナ派です。いたるところ分裂です。しかし、宗教は一つのはずです。一つの神しか存在しないからです。私たち人間は神に様々な名前と様々な属性を付与しましたが、神はそんなものは持っていません。なぜなら神は神だからであり、何ものにも比較できず、すべての人にとって神秘なる沈黙の中におわすからです。でも、政治の話に戻りましょう。それとも（私は前言を訂正します）、宗教と政治をつなぐ橋の話、チベットの未来につながる橋の話に戻りましょう。

もしチベット人が自由になれば、あるいは少なくとも宗教実践の自由を手に入れれば、チベット仏教文化は大きな進歩を遂げることになるでしょう。仏教があるのはチベットだけではありません。中央アジア全体にあります。モンゴル、ブータン、シッキムからラダックにいたるまで、ヒマラヤの全地域に約千五百万人の仏教徒がいます。今あげたすべての国々は共通のチベット仏教的伝統を持っています。モンゴルは独自の言語ですが、それ以外の国は言語も同じです。しかし、仏教の研究は今でもチベット語で行なわれています。つまり、古くからの本ものの生きた仏教的伝統が存在しているのです。

私はダライ・ラマの言葉に言い添えます——それはキリスト教の国々と事情が似ていますね。キリスト教圏でも、僧侶たちの教養的言語として、宗教儀式のときに唱えられるラテン語という共通の根源言語が存在しています。しかし、ラテン語はヨーロッパ言語で、他の民族からは異質な言語として、原理主義者の言語として受け取られています。そのため多くのキリスト教徒は自分たちの国語を、祭儀によりふさわしい言語として用いています。私どものキリスト教神学者は研究をいまだにギリシャ語、ラテン語、さらにヘブライ語といった古い言語で行なっています。一方においては古い教養言語、祭儀言語は世界中を結びつける要素でありますが、他方においては信者たちの間にある種の分断が生じています。つまり、一般国民は僧侶のラテン語が理解できません。これは問題ではないでしょうか。しかしまた、個々の単語、言語そのものを理解することが必要なのでしょうか？　私はチベット語が一言もわかりませんが、ここの寺院で僧侶たちが声明を唱えるとき、神的な力の臨在を強く体験しました。

## 平和ゾーン創設の提案

チベットが非武装地帯となったらどうでしょうか？　インドと中国の間の緩衝国になり、両大国に安全を提供したらどうでしょう？　これらの国々の間で心からの友好関係を築くことはできないものでしょうか？　これらの国々の間だけでなく、すべての仏教国民と仏教国の間で？　チベットの徹底的平和精神が西側諸国にも波及しないでしょうか？　もちろん、暴力と腐敗の精神がチベットに波及するということも起こりえます。私にはわかりませんが、そういうこともありうるかもしれません。

チベットの将来に関する問題には、民主主義の問題が含まれています。仏教的僧侶共同体のシステムは、原理的にも実際的にもきわめて民主的です。個人が守るのではなく、特定の集団が守る、数多くの異なった行動規範が存在します。ちなみに、生まれが君主であるか単純労働者であるかということは、まったく重要ではありません。ダライ・ラマは世俗的、宗教的元首ではありますが、特別な権利は何も持っていません。サンガ〔教団、僧の意〕全体、僧院の僧侶たちが集まって、問題を討議し、一緒に決定します。

しかし、最終的な決定権はやはりあなたにあるのでしょう、聖下。

はい、たしかにそうです。しかし、私が最終的な決定を下すのは、ただ共同体との意見の一致のもとでだけです。私たちの規範に関して言えば、たしかにたくさんあります。しかし、本当に重要なのは一つだけです——各人が他人の幸福について考え、各人が他人の立場に身を置く、ということです。この点において、チベットの僧侶共同体は模範となりえます。各人は他人について、相手が神性であることを知っています。仏性を持っています。そうすれば誰でも相手に慈悲心を示すようになるでしょう。

敵意の解消と非暴力の根源は、全人類の神性であることを深く知ることです。すべての人々は一つです。私がたった一人の人間にでも悪を行なえば、私は世界の調和を乱すことになります。各人は、各民族は、世界が平和になるか戦争になるかの責任を有しています。ある民族の権利が隣国によって無視されれば、いかなる民族も自分たちだけの平和に安住することはできません。

民主国家は自国の内部における民主主義は非常に大切にしますが、ことが国際関係になるや、他国の民主主義はたちまち尊重されなくなります。尊重されるのはただ力だけです。中国人は人口数という力を誇っています。日本人は経済力、技術力です。アメリカ人は軍事的・技術的力です。大国が自分たちの権利ばかりを考えていると、小国は大国のまねをすることを自分たちの権利とします。たとえば、ボスニアのセルビア人たちはこう言っています。「世界中が何を考えようと、そんなことはおれたちにはどうでもいい。おれたちはおれたち自身の問題を最後まで片づけなければならないんだ」。責任感はごく身近な狭い範囲だけにしか働きません。西ヨーロッパは民主的な憲法、豊かさ、個人の自由を自慢していますが、東の隣人たちはそのすべてを持っていません。そういうわけで、一方の側では嫉妬と抑圧された攻撃性が生まれ、他方の側では革命的理念が生み出す脅威に対する恐れが生じました。政治的な変動がやってきましたが、両方の側の人間たちはそれに準備ができていませんでした。平和と統一は見せかけだけです。

政治家は自国の利益のために行動します。それが「レアールポリティーク（現実政治）」というわけです。政治家たちが、自集団の短期的な利益に反するけれども、他の諸集団の権利のためにより肯定的な取り組みをするならば、それは非現実的に見えるかもしれませんが、長期的にはよりよい政策であることが明らかになり、平和をより近づけることになるでしょう。

## 非暴力——あるいは正義の戦争はあるか

ある民族が他の民族によって抑圧され、独立を戦い取らなければならないとします。チベットがふたたび自由になるために、たとえばロシア人の助けを借りて中国と戦う可能性があるとすれば、チベットはそれを行ないますか？

いいえ——とダライ・ラマは断固として言います——私のもっとも重要な関心はチベットの将来に向けられています。そしてそれは私たちの隣人であるインドと、とりわけ中国との関係に強く依存しています。私たちが非暴力的でありつづければ、中国人の中に肯定的な印象が生まれ、それは将来の協力を容易にするでしょう。私たちはこのようにして良いカルマをつくり出しているのです。

私の質問——それではあなたは、平和的な協力という政治的・経済的な必要性は別としても、人間の心が変わる可能性を信じていらっしゃるのですね？

それを信じています。

しかし、人間の本性は攻撃的で、邪悪で、利己的だ、と言う人々、いわゆるペシミストが大勢いますが。

いいえ——とダライ・ラマは言います——違います。人間の本性は善です。

しかし――と私は言います――それはやはり正しくありません。人間性の根本条件はやはり二つの対立的な力の間の緊張だからです。光と影の対立です。それは個々の人間にも人類全体にもあてはまります。たとえば、いかなる種類の芸術も、光と影、高と低、調和と不調和の緊張から生まれます。あらゆる神話の中でこの戦いあう対立について語られています。たとえば天使と悪魔の戦いです。創造全体は、すべてを運動させるこの緊張から生まれるのではないでしょうか？

私は、疑いもなく菩薩であるダライ・ラマも自分の中にこの緊張を持っているかを、あえて尋ねてみます。もちろん、私はこの質問に自分で答えを出すことができます――大いなる光を持つ者は、影もまた知らなければならない、という答えを。

はい――と彼は言います――もちろん私の中にはたくさんの影があります。

本当でしょうか、と私が言うと、彼は笑います。彼の陽気な笑いはいつでも、自分の「完全性」に関する彼のいくらか皮肉な意見のしるしです。彼は質問と答えを相対化します。彼は、自分には憎悪はないが、ときどきの腹立ちと、嫉妬、そして怠惰がある、と認めます。

そして怒りもですね、と私は言って、彼が自叙伝の中で怒りをチベット的遺産だと自分で書いていることを思い出させます。私はまた、聖書に書かれているイェシュア（イエス）の怒りですら、必ずしもただ「神聖な」怒りだけではなかったことも思い出します。彼は弟子たちの融通のきかない思考にいらいらして腹を立てたこともあります。ユダヤの神や他の民族の神々も怒ったりいらいらしたりします。

私がダライ・ラマがいらいらするのを認めたのは、ローマでの講演のとき、あまりに長時間、休憩が挿入されなかったときと、著書や講演の中でとっくに答えている同じ質問をジャーナリストがしたときです。

怠惰ということに関して彼は考え込み、それから冷静に言います――私は規律ある一日を送っています。私は三時半に起床しますが、ときどきもっと寝ていたいという欲求を感じることがあります。しかし、私は兵隊のように毅然としているので、それに負けることはありませんね。そのあと祈りと瞑想を、朝は四時間、夜は三時間行ないます。朝にはその間に政治ニュースを聞きます。たいていはBBCです。午前中は国政を行ない、午後は訪問者、巡礼者、インタビュアー、外国の外交官に会います。ちなみに、私が怠惰になるのは、複雑な内容の本を読むときと執筆のときですね。

彼がますます心を開いてきましたので、私は彼の見る夢について思いきって質問してみます。まったく普通の夢です、と彼は言います。ときどき悪夢を見ることもあります。恐ろしい姿が現われたときには、二、三のお経を唱えたり、愛と慈悲心に想いをいたしたりします。ときどき、夢の中でほかの人々と争うこともありますが、すぐに、自分は僧侶であり、いかなる人をもあやめてはいけないのだ、ということを思い出します。ときどき夢の中で女性が近づいてくることがありますが、この場合も、自分が僧侶であることをすぐに思い出します。このことは、私が夢にも負けない強い信念を持っていることを証明しています。夢の中で一度も考えたことがないことが一つだけあります。それは、自分がダライ・ラマであるということです。しかし、自分が仏教僧であるということは、かたときも私の心を離れません。

## 非武装化と断念

私たちは非武装化の話題にたびたび戻ります。私の国ドイツでは終戦後、非武装化が行なわれました。ドイツ人は、武器を製造したり、所有したり、売買することが禁じられました。それは連合国の圧力のもとで行なわれました。もし今日、ドイツの完全な非武装化に関する一種の国民投票が実施されれば、国民の何パーセントがそれに賛成するでしょう？

いずれにせよ過半数が賛成するでしょう。

私は——とダライ・ラマは言います——ミュンヘンで開かれた新教信徒大会で非武装化について話をしましたが、とりわけ若い人たちが熱烈に賛同してくれました。もちろん、私の話を聞きに来るのは、どのみち霊的な志向が強い人々ですが。しかし、私が非武装化の考えを表明するときはいつでも、その反応は非常に力強いものがあります。もちろん、千人や万人やそれ以上の数の人々でも、国民大衆というわけではありません。大衆の感情については私は何も言うことはできません。

平和への願望は世界的に非常に大きなものがあります。しかし、非武装化の問題においては、産業界と経済界が大きな役割を演じます。経済界もまた倫理的な動機づけに引き込むことはできないものでしょうか？　産業界もただ物質的利益だけに関心を持っているわけではないでしょう、リンザーさん？

平和への意志を持っていると語り――と私は言います――いかなる武器も製造していないと主張しながら、たしかに武器は造っていないけれども、その材料を提供したり、他の国々で武器に組み立てられるある種の小さな部品を売ることは、大変な偽善ではないでしょうか？　そして、戦争に使う武器がひそかにドイツを通って運ばれることを許すのは、偽善ではないのでしょうか？　そして、もうすでに起こったことですけれども、戦争をしている二つの国民の両方に同じように武器援助をするのは、まったくのシニシズムではないでしょうか？　民間でしたら、それらすべては刑法で殺人幇助と呼ばれることになるでしょう。しかし、世界政治の枠内では、それはただの商売です。実際にはそれは、倫理的に見ても政治的に見ても、大量殺人の幇助です。厳密に見れば、私たち全員がそれに手を貸しているのですよ。なぜなら、私たちヨーロッパ人は国から金をもらっているからです。製造された武器の代金として国が受け取った金を、国からもらっているからです。私たちすべては、金の支払いを受けた殺人犯です。私たちは平和について語りながら、自分たちの利益のために他の世界に商品を売りつけ、彼らの土地を、たとえばアマゾン川流域地帯を、不毛の土地にしているのです。南半球の諸国民をまったく別の方法、つまり彼らが自立できるような形で援助するかわりに、そういうことをやっているのですよ。

天然資源に関して産業界が有している責任は、恐ろしいほど重大です。北側世界と南側世界の間には、新たな大きな裂け目が存在しています。この裂け目は不和と戦争の潜在的原因です。

しかし、これら南の諸国民を、私たち北の人間が現在享受しているのと同じ生活水準に引き上げるのは間違っています。そんなことは天然資源の面から実行することはできません。私たちはむしろ考え方を変えなければなりません。自発的に私たちの生活水準を落とすのです。私たちはいま持っているものを本当に必要としているのでしょうか？　毎年新しい車、新しいテレビ、新しい毛皮のコートが必要なのでしょうか？　贅沢は私たちを幸福にするのでしょうか？　贅沢をしなければ満足できないものなのでしょうか？　質素という言葉があるのではないでしょうか？もっと少ない所有でも足るを知るということが？

私は強制的な財産没収ということについては一度も語っていません——とダライ・ラマは言います——いいえ、まったくありません。私が言っているのは、自発的な質素ということです。私が言っているのは、全然必要ではない消費財に対する自発的な断念です。大都会を歩いて、ショーウィンドウに誘惑的な商品を見つけると、まるで強制されているみたいにそれを買ってしまうんですね。

私は言います——そういう誘惑にあうと、私はこういう計算をする習慣にしているんですよ——これだけのお金で、インドの子供一人が数カ月生活でき、授業料を払い、医者にかかることができる……。もちろん、私はそのお金を実際にインドやそのほかの低開発国に送らなければなりませんが。そのようにして理性的な断念を行なう人は、高いお金を出して商品を買うよりも、このような断念のほうが自分を幸せな気持ちにしてくれる、ということを体験するのです。ヨーロッパ人の哲学者エーリヒ・フロム〔一九〇〇～一九八〇年。ドイツ出身のアメリカのユダヤ系精神分析学者〕は「所有ではなく存在」ということを書いています。幸福は分配と愛情にあるのであって、所有にあるのではありません。

自分には、若い世代には考え方の変化が起こっているように思える、とダライ・ラマは言います。所有を積み上げようという傾向はますます少なくなっています。まさに豊かであることに嫌気を感じている人が大勢います。高価な毛皮のコートを見せることを避け、きんきらきんの大型車よりも小型車に乗るほうが好まれています。

私は言います——産業とファッション界が趣味を操作するのであれば、彼らは豪華なものを買わせるようにしむけるべきではありません。しかし彼らは、すり切れて裾がほつれたジーンズを、少しだけスタイルを変えて値段を上げ、それをまた新しい産業にするのですからね。彼らは質素や貧困の外見さえも商売の種にするのです。しかし若者の間には、ブルジョア的な豊かな社会に対する抵抗からか、新しい「トレンド」に追随するためか、生活水準を落とす人たちが非常にたくさんいます。

# 貧富の間の非暴力的分配

しかし——とダライ・ラマは言います——私たちが倫理的な議論で人々を納得させようとしても、それは注目を受けないでしょうね。私たちは政治的な地点、南北格差の問題から議論を出発させるべきでしょう。北の諸国は、難民や求職者の流入によって現在すでに大きな問題をかかえています。彼らを追い払うことはできません。しかし、問題を解決することもまたできません。少なくとも、政治的・社会的態度の根底的な変化なしには解決できません。解決の基本的な理念は存在しています。所有物の非暴力的な分配です。社会主義という偉大な理念です。

それは——と私は言います——キリスト教とマルクス主義の根本理念でした。でも、この二つの運動は世界を変えたのでしょうか、政治的に、倫理的に変えたのでしょうか？　共産主義の根本原理に忠実であった理想はどこに行ってしまったのでしょう？　共産主義はなぜ崩壊したのでしょう？　共産主義が目指したものがなぜ実現しなかったのでしょう？　平等、自由、博愛が？　相変わらず金持ちと貧乏人がいるのはなぜでしょう？　お菓子を犬の餌に投げてやる子供たちと、飢え死にする子供たちがいるのはなぜでしょう？　金持ちがますます金持ちになり、貧乏人がますます貧乏になるのはなぜでしょう？　抑圧された人々によって殺されたロシアの富裕階級は、何のために死んだことになるのでしょう——もしプロレタリアートの死が、金持ちを殺し、彼らの財産を没収すること以外には何の成功ももたらさなかったのであれば？　何のための革命だったのでしょう？

　そうですね——とダライ・ラマは言います——それは深刻な問題です。私が大都会の通りを歩きますと、そこでは、金持ちが邸宅の中で、誰にも邪魔されずに成功した人生を暮らし、一晩にホテルでワインのために千ルピーも支払っていますが、路上の貧乏人はたった十ルピーしか持っていないのです。これらの貧乏人が金持ちを憎むのは当然ではないでしょうか？　そして、貧乏人が、自分たちに与えられていないものを暴力的に奪うのではないか、と金持ちが恐れるのも、同じように当然ではないでしょうか？　いったいどんな理由で彼らに与えないのでしょう？　犯罪の増加の原因はここにあるのではないでしょうか？

　そして——と私は言います——暴力行為の原因もここにあるのではないでしょうか？　金持ちは警察を自分の味方にしています。警察は金持ちを守ります。金持ち、財産家の優越的立場に対して、ただ自分を傷つけるだけの絶望的な個別的行動で刃向かう貧しい人々を、誰が助けてくれるのでしょう？　貧しい人々の側に立つ社会主義、ただ美辞麗句だけではなく、実際的に、効果的に貧しい人の側に立ってくれる社会主義がなぜ一つもないのでしょう？　十月革命〔一九一七年のロシア革命〕はもう起こらないのでしょうか？　でも、あの革命もすべての社会主義革命も、もしそれをあまりに早く、あまりに暴力的に押しつぶしてしまわなければ、有効なものになっていたのではないでしょうか？

ダライ・ラマもそのように考えます。しかし、彼はもちろん、憎悪に基づくいかなる革命も最初から崩壊の原因を内部に蔵している、とはっきりと異議を唱えます。もちろん、レーニンとマルクスの革命的理念には、よい結果をもたらした点もあります。金持ちの良心をやましくしたこと、「没収者による没収」はただ新しい問題をつくるだけだ、という意識をもたらしたことです。なぜなら、ソ連の例が示したことですが、貧しい人のすべてが経済生産の取り分にあずかったわけではなかったからです。自分の取り分を取るいわゆる有能な人々は、昔もいましたし今もいます。そして世界政治においては、豊かになるのは北の有能な国々で、南の諸国は、彼らの天然資源が容赦なく搾取されるので、ますます貧しくなります。世界情勢は絶望的なくらい行き詰まっているのではないでしょうか？　社会主義の大いなる希望はどこに行ってしまったのでしょう？　それは、社会主義本来の理念、社会主義のオリジナルな理念を喪失して、党派争いの中で窒息死しています。社会主義は腐敗しています。資本主義はその最終的局面にあります。どうしたらよいのでしょう、聖下？

政治的に考えれば、社会主義と資本主義の結合を見出さなければなりません。資本主義が、社会主義にはできない実際的な経済的成功をもたらすことが明らかになりました。この教訓はすべての国々が学びました。中国でさえ国際市場の動向に沿っていこうと決断しました。さもないと、世界経済との結びつきを失ってしまいますからね。

それでは、聖下、社会主義に残されているのは、社会主義的な生き方をしようと個人的に決断するという領分だけなのでしょうか？

イエスでもありノーでもありますね。個人の社会主義、分かちあいと過剰利益の断念ということがあります。しかし、全体と無関係な個人というものは存在しません。そこで、全体に対する視線というものがいつでも残るのです。平和的な分配の理念、平和一般の理念が残るのです。

私は言います――私はフランスの作家アルベール・カミュ〔一九一三～一九六〇年〕の、「社会主義とは、兄弟がベッドを手に入れるまでは地面の上に寝ることだ」という文章を見つけたことがあります。

そうです――とダライ・ラマは言います――それはよいですね。その定式は私たちすべてが受け容れることができます。それはキリスト教的で、仏教的で、社会主義的で、人間的で、大乗仏教におけるアプローチと同じようなことを語っています――すべての有情が仏になるまでは、私は仏にならない、という考え方です。

社会主義への教育に関してあといくつか述べさせてもらいます。私の子供たちは小さいころから、ものを分けあい、「私の」という言葉を相対化することを学びました。「私のリンゴ」とか「私のお菓子」とかいう言葉を……。ものを分けあうことは彼らには当たり前のことになりました。そして同じくらい当たり前に、彼らはのちに社会主義者になりました。分かちあいの習慣によって、嫉妬と争いの原因が取り除かれたのです。そういうわけで、社会主義は平和への前提条件です。もちろん、暴力なき社会主義がです。

## 暴力と戦争は解決にならない

私のダライ・ラマへの質問――

あなたは暴力革命を、たとえそれが必要な場合でも、否定していらっしゃいます。あなたはいかなる暴力も、もちろん戦争も否定していらっしゃいます。正義の戦争というものは存在しないのでしょうか？

理論的には、戦争が慈悲の心をもった人によって起こされ、戦われ、慈悲深い動機によって遂行されるということも考えられます。そのような戦争は、憎悪、怒り、無知から生ずる戦争よりは、苦しみや破壊を引き起こす度合いが少ないでしょう。

第二次世界大戦は憎悪から生じたのでしょうか？　それは本当に正義の戦争だったのでしょうか？

残念ながら――とダライ・ラマは言います――その戦争が必要で正当なものであるかどうかは、いつでも歴史を振り返ってみてあとから議論できるだけです。戦闘中は、戦争に参加している将軍たちや、大統領や、兵士たちは、慈悲深い動機から行動していないかもしれませんが、それにもかかわらず、民主主義の保持や防衛のための戦争であったり、ある国の住民の権利を守るための戦争であったり、独裁や抑圧を打破するための戦争であったりすれば、そこには慈悲が含まれているこどもありえます。

私は第二次世界大戦中のイタリアを思い出します。イタリア国民と軍部の大部分は、ユダヤ人に対する慈悲心も持っていました。

私が思い出すのは、中国革命の時代の映写フィルムですね。中国人の警官が命令によって、反抗的な学生たちの一人に手錠をかけなければなりません。彼はそれをします。しかし、何という手錠のかけ方でしょう！　同情の目で逮捕者の目を見つめ、意味深長な友愛的な身振りで行なうのです。

私はまた、第二次世界大戦中の、敵対する軍隊の兵士たちが民間人に対して取った行動も思い出します。SS（ナチス親衛隊）のメンバーですら、ギリシャの子供たちに食べ物を与えました。私の家の近く、ローマ近郊のドイツ軍司令部の近くでは、女子供たちはドイツ国防軍の配給物資をもらって生きていました。そしてフランス人は、自分たちの命の危険もかえりみず、ドイツ人脱走兵をかくまいました。敵対しあう民族間の人間的連帯の例は数えきれないほど報告されました。人種的、政治的、宗教的イデオロギーの指導者によって扇動されなければ、人間は善良である、ということを私たちは見ることができます。人間がそれらの指導者たちを信ずる義務があると感じているのか、それとも、指導者たちが人間に集団暗示をかけて目をくらましたり、脅しによって良心に反する行動へと強制したりしているのですよ。真の慈悲心は表面的な感情ではありません。結果を伴わない単なる「同情」ではありません。

仏教の経典では、慈悲と智慧を結びつけることが重要視されています。「善良な心」を持っていても、事柄に対する理解と必要な能力を持っていなければ、利するよりも害することもあります。

いわゆる善良な心を持った――と私は言います――人々が大勢います。彼らは苦しんでいる人間や動物を見ると、涙を流すかもしれませんが、それによって援助の行動をするわけではありません。その憐れみはセンチメンタルな感情でしかないのです。しかし、難しい状況もあります。たとえば濁流が逆巻く川岸に立っているとします。一人の人がそこで溺れそうになっているのを見ます。彼を助けられるかもしれない、しかし自分は泳げない。この場合どうしたらよいのでしょう? あるいは、泳ぐことはできるけれど、優柔不断さのために救助の正しい瞬間を逃してしまうということもありますね。

ダライ・ラマは言います――真の慈悲心は内的な強さと外的なエネルギーを与えてくれますよ。勇気ある決断は私たちの中に予想もしなかった力をわき上がらせます。一般的には、私たちの動機が純粋で強ければ、私たちは不可能を可能にすることができます。しかし、どうにも手に負えないという状況というものもあります。私が考えているのは、テレビで見たルワンダの難民のことです。小さな子供たち、年老いた人々……。そしてボスニアの人々……。そしてソマリア……。非常に大勢の人々ですが、心が引き裂かれるような憐れみを感じても、彼らを助けることができません。

私の心に答えが浮かんだのは、しばらくたってからのことでした――私は「私」としては何もすることができない。しかし、私はまた「私たち」の一員でもある。多数の中の一員としては、私はもしかしたら実際的な援助を行なうことができるかもしれない。そして、一つのケースで私が具体的には何もすることができなくても、私は平和をつくるために協力することはできる――たとえそれが、自分の心の中と自分の周囲に平和を保つという仕方にすぎなくても。たとえもっとも重要でアクチュアルな苦しみを取り除くものではなくても、慈悲心を行動に移す小さな機会はたくさんあるのだ。私は、汝の隣人を愛せ、と言ったイエスのことを考える。そして、苦しみの中にいて、自分が愛の心をもって助けることができる隣人は、いつでも存在するのだ。

ダライ・ラマは私の心の中の言葉を聞いたかのように、こう言います――憐れみの心を感じながら、実際には助けられないという状況があります。たとえば、私はしばしば食堂の前を通り過ぎますが、ドアのところには、夏でも冬でも、二、三羽のニワトリを入れた箱が置いてあります。これらのニワトリは殺されることになっています。私はそれらに憐れみを感じますが、私の力では何かをすることはできません。二、三〇年前でしたら、そんなことはありませんでした。私がまだチベットにいたころ、ポタラ宮のうしろで屠殺用の動物が追い立てられているのを見ました。その動物たちを見たとたん、私は痛みを感じました。その動物たちが屠殺場に連れてゆかれるということを確かめたときはいつでも、それらを買い取って自由にしてやりました。その当時、私は毎年千頭から二千頭の動物を自由にしてやっていました。動物たちはある場所に集められ、そこで自然死を迎えるのが確認されるまで見張られていました。ここでは私はそういうことはできません。私が手配できることといえば、私たちの難民施設では養鶏場をつくらないようにすることだけです。そのような農場の建設のためにお金を出してくれる援助団体があります。それによってお金を素早く稼ぐことができるからです。西側では動物は単なる消費財としか見られていません。将来のチベットでは、私たちは暴力のない経済形態を導入するつもりです。

## 暴力なき経済形態とは何か

でも――とダライ・ラマは言います――それは困難な企てです。しかし、今日でもすでに、世論からの異議申し立ての声がますます多くなっています。指導的な思想家、平和研究者、科学者たちは、ただ金儲けだけを考える会社は環境に大きな害を与えることをはっきりと認識しました。これまでは、巨大産業や大会社の連合体は、環境に対する配慮をまったく行なってきませんでした。今日では住民は環境破壊の問題に目覚めています。住民がその問題にきわめて目覚めているので、大企業自身も、たとえ商売の損になっても、自然破壊が最小になるような形で生産する決意をしなければなりません。ある日、武器を製造している会社に対する広範なボイコットが起こることもあるかもしれませんよ。武器工場で働く労働者が一人もいなくなる、というような形で。そのためには、グローバルな力強い政治的運動が必要でしょう。私たちの問いかけは、そのために国連が活躍できないだろうか、というものです。徴兵拒否はそのようなボイコットのきっかけにならないでしょうか？　すべての国の若者たちが、徴兵にノーを言う勇気を示したら？　牢獄に入れられる危険を一緒に引き受けたら？　軍備と国防で何かの勤務や義務を行なうことを、諸国民の大部分が本当に拒否したらどうなるでしょう？

諸国民の意識の発展というものは存在するのだろうか、とダライ・ラマは尋ねます。リンザーさん、これまでの生涯で戦争と徴兵に対する若者たちの態度が変化するのをご覧になりましたか？

もちろんです。第一次世界大戦のときは、若者たちは自分から押しかけて徴兵に志願しました。彼らは、祖国のために戦うことを崇高な義務だと見なしていました。やはり自分たちの祖国のために戦い、命を捨てる他の国の若い人々を殺すことをですよ。私自身もまだ、私たちの隣人であるフランス人はわれわれの敵であり、やっつけなければならないのだ、という信念の中で教育されました。なぜ？　彼らは私たちにどんな悪いことをしたというのでしょう？　私たちの村の司祭は、フランス領のエルザス・ロートリンゲン地方の出身でした。ということは敵というわけです。しかし、彼は私たち一家の友人でした。ですから、彼がフランス人だから私たちは彼を殺さなければならない、などと私は思いませんでした。そして、兵士たちが前線に向かうときあげる万歳の叫び声も、私には理解できませんでした。一九三九年のときも、人々はまた万歳を叫び、戦争を欲しましたが、戦争を望んだのは国民の一部だけでした。今度は国民をわざと煽り立てなければなりませんでした。だって、第一次世界大戦は何をもたらしたでしょうか？　よいものは何もありませんでした。ただ諸民族の憎悪と、敗者の側における復讐の叫びと、勝者の側の傲慢な敵意だけでした。そして両陣営の死者です。何百万人という死者です。ヨーロッパで第三次世界大戦が起これば、もう誰も万歳を叫ばないでしょう。だって、もう勝者はいないのですからね。両陣営に原爆死者がいるだけなのですよ。しかし、まだ第三世界の問題が残っています。そこでは小さな民族が独立と自由を求めて戦っています。それは彼らの権利です。しかし、彼らは外交によって戦うのではなく、殺人兵器を使って戦うのです。誰が彼らに武器を提供しているのでしょう?

先進工業諸国です。彼らは武器と武器部品を製造し、それらを第三世界の諸国に売りつけています。そこでは第三世界の人々が万歳を叫び、黒人が黒人の兄弟姉妹を殺害しているのです。

セルビア人やその他の類似の民族のように、理性的な和平提案をもはや受け容れず、ただもうやみくもな復讐心と抑えのきかない憤激から行動し、自分たちの憎悪の短期的なはけ口しか求めないという民族に対しては、解決策があるのでしょうか？　人を殺すと幸福だというのでは、狂気ではありませんか？　もう平和は望まず、ただ戦いと死だけを求めるというのでは！　様々な国の政府が、敵対する民族の間に無人の広い中立地帯をもうける提案をしています。

あるいは、強力な軍事力が介入することです。しかし、それは解決になるでしょうか？　今のような状況では、それはまったくの行き詰まりになるように見えます。私たちはこの状況から一つのことを学ぶことができます――紛争をこれほどひどくこじらせては絶対にならない、ということです。紛争を回避しなければなりません。ソマリアや類似のアフリカ諸国を取り上げてみましょう。彼らは過去数十年間、軍備増強を行なってきましたが、農業のような他の民生分野はないがしろにしてきました。そこに、干ばつのような自然災害がやってくると、人殺しのための武器はたっぷりあるのに、生き残るための食糧が不足しているということになります。必要な準備が行なわれていなかったので、過去の行動の結果がすでに現われているときでも、ほとんど何もすることができないのです。武器製造や武器売買が、さらには核兵器の製造販売までもが、コントロールされずに続いてゆくかぎりは、戦争の危険は存在しています。

## 仏教における女性

私たちはすべての時間を人間そのものについて語り合っています。しかし、すべての人間は男性か女性です。仏教では女性はどのような役割を演じるのでしょう？　具体的に尋ねますと、あなたがチベットのために構想なさっている種類の民主主義では、女性はどのような役割を演ずるのか、ということです。

ダライ・ラマ——仏教には、最初に男、次に女、というような序列はありません。両性は同じ価値を持っています。もちろんですよ。両性は現在と未来に対する同じ責任を有しています。両性は互いに相手を必要としています。私たちは両性の協力がなければ生き延びられないように、自然によってつくられているのです。自然的な前提条件と並んで、人間によって取り決められた数多くの約束事があることは自明なことです。文明化されない社会では、肉体的な強さが重要な役割を演ずるかもしれません。男性優位はそこから生まれたのだと思いますね。しかし、人間をして他のすべての存在よりすぐれたものにしているのは、肉体的な力ではなく、その精神です。私たちは人間を、肉体的に強いか弱いか、男か女か、で判断するのではなく、その精神の質によって判断すべきです。そして精神の質は女にも男にも見て取ることができます。

私は男女平等の問題にはいくらか疑念を持っています。対話で私はこの問題にこだわります。ダライ・ラマは、たしかに違いはあると認めますが、それは哲学的な種類の違いだ、と言います。大乗経典では男性的側面が強調されています。大乗密教経典には、絶対的平等が書かれています。最高度の密教経典では、女性的側面がもっと重要視されています。女性的なものは智慧を象徴し、全宇宙は、女性的側面である清浄な光の精神によって生じました。あなたは女神ターラー（多羅）に関する文献を読むとよろしいですね〔ターラーは「救う女性」の意で、慈悲の女性的側面を体現し、チベット仏教では大変人気のある仏である〕。彼女は自分が悟りを得るそもそものはじめに、ブッダとなるまでは常に女として生まれ変わる、という決意を表明したのです。ですからターラーは断固たるフェミニストというわけです（彼は笑います）。彼はさらに続けます――私はよく、尼僧の受戒に関するヴィナヤ（毘尼）の規則を時代に即した形に変更してほしい、という依頼を受けます〔ヴィナヤ（律）は男女の僧侶の行動、服装、共同生活に関する規則〕。私はその

ための会議を招集しようと思い、チベット仏教のすべての流派の学者たちに、準備のための手紙を送りました。その手紙の中で私は、今日の世界では男女は真の同権を目指しており、ヴィナヤの大きな箇所を変更する時期にいたっている、と書きました。いくつかの流派では、私は反対を受けました。男女の同権はすでに存在している、と言うのですよ。

私は笑います。だって、カトリック教会でも私たちは似たような問題を持っているのではないでしょうか？　私たち女性はすべてにおいて同権です。ただ女性は司祭になれないだけなのです。それは、仏教において、完全な戒を受けた尼僧、つまり比丘尼がほんのわずかしかいないのと同じです。

ダライ・ラマは、いくつかの変更を行なうために、会議を招集しようと思いますが、彼は自分からは、ほんの小さな事柄でさえ変更することはできません。そのためには、大勢のラマ僧が集まり、民主的に決定しなければなりません。多くの僧は変更を拒絶するでしょう。

それはカトリック教会の原理主義者や保守主義者と同じですね。しかし、カトリック教会における女性の地位は変わるでしょう。司祭になる男性はますます少なくなるでしょう。そしてますます多くの女性がさしあたっては男性の役割を、とくに神学の分野では実質的に引き受けることになるでしょう。ローマの教皇庁大学で女性も学び学位を取得できるようになったことは、すでに進歩です。それはまた政治の問題でもあります。あなたたちのところでも同じですね。ところで、私は昨日ある尼僧と知り合いになりました。彼女はここの僧院に住んでいるのですが、彼女が完全に受戒したのかどうか、私にはわかりません。レストランにすわっていたら、三人の僧侶が来たのです。彼らは英語を話していましたが、中の一人の英語はドイツ語のなまりがあり、その声は男性の声には聞こえませんでした。でも、頭はつるつるに剃られていました。私は、この僧は尼僧で、しかもドイツ出身ではないかと推理しました。実際そうでした。東ドイツ出身のチベット仏教の尼僧だったのです。私たちは会話を始めました。彼女は数十年前ここにやって来、一度東ドイツに帰り、またここに戻ってきて、そのまま居着いているのです。六〇歳くらいで、健康と喜びで光り輝いています。「私がここでどんなに幸福か、あなたには想像できないでしょう」と言うんです。

私は想像できます。それ以来、私も同じように一介の尼僧としてダラムサラに来たいという考えが、もう頭から離れないのです。

私がこの話をすると、忍耐です、とダライ・ラマは言います。私は彼に霊媒神託についても話します。私が神託に尋ねた質問の一つは、私の未来の転生（来世）はどのようなものになるだろうか、というものでした。巫女は、「あなたは完全な戒を受けた僧侶になるでしょう」と言いました。

では男なの？　私は男性にはなりたくない。私はあの女神ヴァジュラヴァーラーヒー（金剛猪女）〔ヴァジュラヨーギニー（金剛瑜伽女）ともいう。最高度の密教ヨガの女菩薩〕と同じように、ずっと女として生まれ変わりたい。

ダライ・ラマは笑います（彼は私の愚かな言葉に何と楽しそうに笑うことでしょう――それでいながら、彼は私のことを何と真剣に受けとめてくれることでしょう！）。

私はこの問題との関連で、彼が過去世で私のグル（師）であったのか、と何度も質問します。いいえ、違います、と彼は言います。もしかしたら、あなたが私のグルであったのかもしれませんよ。どうなのでしょうね。仏教的な見方をすれば、もちろん私たちの間には強いカルマ的な結びつきがあるに違いありません。さもなければ、私たち二人がこんなに強い親しさの感情をいだくはずはありません。それには疑問の余地はありません。

彼がこう言い、私をまともに見つめたとき、私は喜ばしい畏怖におそわれました。

聖下、慈悲心は最高の徳である、とあなたはおっしゃいますが、それならば、女性は精神的進歩を遂げるより大きなチャンスを持っていることになります。なぜなら、女性は慈悲心をより容易に感ずるからです。

女性はより自然に反応します。女性は自分の感情により直接的につながっていて、総じて感受性にまさっています。母親のもっとも重要な使命は、赤ちゃんに慈悲心の価値を伝えることです。もちろん、言葉で行なうのではなく、身体的接触、とくに授乳によって行なうのです。慈悲心の伝達こそ、私は女性の最大の使命だと思っています。この使命は社会の中で決定的な役割を持っています。

それでは――と私は言います――このことが女性が政治的教育に対してできるもっとも重要な

貢献なのですね。慈悲心は新しい政治的意識の基盤をつくることができます。

ダライ・ラマは、あらゆる種類のチベット支援グループ、援助団体がたくさんあるが、それらの団体の構成員は大部分が女性である、と言います。

私は言います――全生活態度の大きな変化は、典型的な男性的性格を持っている陽の力が、徐々に陰の力に譲歩するところに生じています。陰の力とは、慈悲心、同情、憐れみの心、あるいはほかの言い方でもかまいませんが、そういう心です。フェミニズムの真の意義は男女の闘争ではありません。とりわけ、政治の場における競争ではありません。もしフェミニズムが女性の男性に対する憎悪に基盤を置くならば、それは破壊的になります。

## 性の肯定と性の秩序

聖下、あなたはかつて、自分はセックスの意義を子供を産むことに見る、とおっしゃいました。それでは産児制限についてはどのようにお考えでしょうか？
ダライ・ラマ――私たちの時代になるまでは、このテーマには別の局面がありました。仏教においては、いかなる有情も聖なるものと見なされています。とくに、人間の命は尊いものです。ですから、産児制限は避けるべきものでした。しかし今日では、天然資源が限られており、尊い命が多すぎるということを私たちは知っています。地球は多すぎる命をもはや養うことはできません。ですから、私たちの状況においては、個々の尊い人間生命を問題にするばかりではなく、私たちは尊い人間生命の全体と人類共同体の未来についても考慮しなければなりませんし、そのためには出生数を制限しなければなりません。

どのようにして行なうのでしょうか？

セックスを禁止するか、産児制限をするかのどちらかですが、前者はまったく不可能です。中絶は非常に悲しむべき方法です。避妊のほうがましです。私は――とダライ・ラマは言います――キリスト教の新旧両教会の信者および指導者と議論をしたことがあります。私が仏教的視点から彼らに説明したのは、私たちは個々の人間生命を非常に尊いものと見るということ、産児制限は避けたいということ、しかし、全人類のためにはそれを行なわざるをえないということでした。そのとき、非常に多くの人々が私に賛同してくれました。産児制限の課題は全人類に関わってきます。ですから、全人類がその責任を引き受けなければなりません。

修道者のセックスについて質問したいと思います。若い僧侶や尼僧はこの問題について特別な教示を受けるのでしょうか？

最初はそうです。それから彼らは、在家信徒としての誓願を行ないます。それはセックスを完全に禁止してはいませんが、姦淫や、非婚の同棲関係などの間違った行為を禁じています。そして完全な受戒のときにはじめて、僧侶としての完全な誓願がなされます。僧侶を目指す若い修行者は、二〇歳ですでに新発意の誓いをしますが、その中にはすでに不犯の誓いが含まれています。

しかしもちろん、一〇歳から二〇歳の間の若者たちに何の教育も教示も与えないわけではありません。彼らの中に、宗教的態度への熱意を目覚めさせます。それがつまり独身制への私たちの道です。二〇歳になった僧侶の最高の受戒では、彼らは完全な誓願を立てます。つまり、いかなる性的行為も完全に禁欲するという誓いも行ないます。

この問題に関する私の考察が浮かんできたのは、ようやくこの対話が終わったあとになってからのことです——仏教には二元論がありません。すべては《一》です。すると、「浄」と「不浄」の区別もないわけです。しかし、性の禁欲が「浄」であれば、その反対は「不浄」ということになりますが、そういうことはやはりないわけです。それはただ僧侶と尼僧にだけ妥当するのでしょうか？　私は違った考え方をしなければならないと思います——性的行為とは結びつきです。身体的な愛を生きる人は、愛の対象に執着します。「執着」（何に対するものであれ）は悟りの最大の障害です。ですから、キリスト教で教えられているように、「純潔」それ自体が価値として語られているのではないし、「肉欲」が最悪の罪の一つでもないのです。イエス自身が（人間の自然的性向を考慮に入れて）「肉の罪」は取るに足りないものだと言っているにもかかわらず、肉欲についてキリスト教徒の心の中には今なお重い罪の感情が呼び覚まされます。キリスト教であれ仏教であれ、「罪」になるのは不義であり、もっと深い見方をすれば、「執着」であるのです。

では同性愛はどうでしょうか？

真剣に修行している仏教僧には、それは禁止されています。しかし、僧団の外では、同性の二人の人間が愛しあっていても、それについてとやかく言うことはありません。同性愛は、彼らの欲求をはたし、これらの人間が破壊的になることを防ぐ援助をする場合には、重要な機能を持っていることになります。

この対話のとき、ダライ・ラマの示す冷静さ、客観的態度、世知と人間知に、そして彼の口から弾劾の言葉が一言ももれないことに、私は賛嘆の気持ちをおぼえます。彼の人間性にはセックスの問題は生じないにもかかわらず、彼はその問題に苦しんでいる人々に深い思いやりを持っているのです。

私たちは男女のテーマにもう一度戻ります。私は尋ねます――あなたは、仏教においては両性の間にいかなる格差もない、とおっしゃいますが、それでは女性はなぜダライ・ラマになれないのでしょう?

彼は笑います。次のダライ・ラマは女性ではない、と誰が言いましたか?

仏教では女性は最高の戒を受けられるのでしょうか?

もちろんです。男性にとって最高の位階は「比丘」であり、女性のそれは「比丘尼」です。ですから、両方は同等です。しかし（彼は笑います）、やはり、比丘と比丘尼が一つの部屋に入るときは、男性の僧が先になりますし、そのほかに、敬意の挨拶を交わすときにもいくつかの違いがあります。しかし、転生ラマの中できわめて高い地位であるサムテン僧院〔ラサの南、ヤムドク湖畔にある僧院〕のドルジェ・パグモの化身として転生している女性もいます。女菩薩ヴァジュラヴァーラーヒーの転生者が存在している、とも言われています。

聖下は、未来には女性のダライ・ラマもありうる、とおっしゃるのですね。

理論的にはありえます。諸々の輪廻転生は、様々の状況と必然性に応じて生ずることになるでしょう。性の問題に関しては、チベット仏教の伝統は他の仏教伝統よりもはるかにオープンなのです。

別の質問です。独身者である僧侶はどのような性生活を営むことができるのでしょう？　あなたの僧院には若い僧侶がいらっしゃいます。若い僧侶は自分たちの性欲に直面しますね。彼らをどのように助けるのでしょう？　西欧では、キリスト教の倫理では、自慰は罪と見なされています。あなたたちのところでは違うのでしょうか？

違います。それは自然な衝動です。私たちは若い僧侶においてはそれを受け容れています。しかし、自分の手以外の別の手段で行なわれる自慰は禁止しています。他の身体開口部の使用も同じように禁止しています。

しかし――と私は言います――セックスはエロスの一部にすぎませんし、エロスは愛の一形式です。ヒンドゥー教徒の見事な彫刻をご覧になって下さい。それはエロス的な性愛への荒々しい賛歌です。

そうです。しかし、それは陰と陽の愛の象徴、神性の女性的側面の男性的側面に対する愛の象徴です。私はこう言うのです――性的行為がいけないのではない、執着がいけないのだ、とね。

ダライ・ラマ――衝動に従属すること、何かに対する執着のすべてが有害なのです。そして、セックスへの執着は克服することがとくに難しいのです。ですから、この依存性へ、つまり性的興奮へと導くものはすべて避けるべきなのです。

あなたのところの若い僧侶たちにはそれができますか？

もちろん、全員ができるわけではありません。そのために彼らは、僧としての誓願を立てる前に、自分自身を厳しく検証しなければならないのです。

どのようにしてですか？　自分が結婚しないでセックスなしで生きてゆけるということを、彼らはどうやって知ればよいのですか？

彼らには自分を検証するための一〇年間という時間があります。彼らはその期間を娘たちの近くでも過ごします。そうやって結婚せずセックスなしで生きられるという確信が持てたときに、彼らは誓願をすることが許されます。この試験期間に、彼らは仏教の精神に非常に深く導き入れられますので、彼らは自分の感情や欲望をますます容易に統御できるようになります。彼らがそれから誓願を立てたときには、それを守ることができなければなりません。

でも、私は結婚したチベット僧を一人知っています。ラマ・アナゴリカ・ゴヴィンダです。結婚したということが彼のセックスについて何かを語っていますか？　どうです？　精神的に自由になるために、性生活を断念する夫婦もありますよ。

聖下、あなたのおっしゃることは、私たちの教皇ヨハネ・パウロ二世とまったく同じ考えです。

彼は修道僧ばかりでなく、すべての司祭に独身を要求しています。

しかし、私が言っているのは、自由意志で行なうことですよ！

カトリック教会もそのように言っています。独身は自由意志だ、と。たしかにそうです。でも、若い神学者たちは、最終的な決断をするための準備が十分に与えられていません。私どものところでは、一般の聖職者に対する義務的独身制を廃止しようとしています。修道僧に対しては違います。そうなりますと、私たちの条件もあなたたちのそれと同じになり、動機づけも同じになります。一般の聖職者には独身はよろしくありません。支えとなる僧侶共同体なしに司祭として生きていますと、それは耐えがたい隠者生活になります。そのため、大勢の司祭は隠れてか、あるいは公然と妻帯しています。もちろん結婚せずにです。結婚は禁止されていますから。もちろん、結婚生活もすべての司祭にとってスムーズな解決ということにはならないでしょう。結婚生活自体も危機に瀕しているわけですからね。多くの男女が正式に結婚しないで一緒に暮らしています。

ダライ・ラマは、結婚は主として社会的な機能を持っている、と言います。大切なことは、結婚する二人が互いに愛しあい、理解しあうことです。

私は言います——事はそんなに単純ではないと思います。結婚して何年か一緒に暮らし、二人の間で子供も持ちながら、それでいて離婚するということがよくありますからね。あるいは、正式には結婚していなくて、それまでの関係を簡単に断ち切ってしまうこともあります。子供たちはどうなるのでしょう？　これは悲しい事態です。

ダライ・ラマは言います――その結果は、若い人たちにとって性的関係を結ぶことがあまりにも安易に行なえるようになる、ということです。自分たちのことを知ることがあまりに少なく、一緒に暮らすことができないということに気づくのがあまりにも遅くなります。子供を持つ可能性があるということをはっきりと知っているならば、最初から責任を負わなければなりません。

私どもは日常の経験や心理学から、愛されない子供たちは心の病いになることを知っています。肉体的にも病気になります。少なくとも抑うつ的にはなります。愛の不足から生じる自己信頼の不足は、攻撃によって補償されます。このことについては最近よい本が非常に多く出版されています。

性の全領域もこの問題に関係しています。人々は、性の抑圧が攻撃性を引き起こすことを確信しています。

いかなる抑圧も攻撃性と犯罪を引き起こします。しかし、話をまた性の問題にしましょう。今日では性は非常なまでに自由ではないのでしょうか？　でも、それによって犯罪は減ったでしょうか？　性の状況にはかかわりなく犯罪は増大しました。ひょっとすると性ではなく、性の倒錯が暴力行為の増大の原因かもしれません。

私どもの仏教では――とダライ・ラマは言います――性を善きもの、美しきもの、少なくともまったく自然なものと見なしています。問題はいったいどこにあるのでしょうね？

人間が性を子孫を産む手段であるともはや尊敬の念をもって見なくなったことですね。

食べることについても同じではありませんか？　人はお腹がすいたときに食べます。食事の目的は生命の維持です。しかし、人はただそのためだけに、必要なだけを食べているでしょうか？ますます多くの新しい味覚を求めています。私たちはすべての本来的な必要性と目的から離れていっているのですよ。

## 輪廻転生

私たちは輪廻転生の問題に戻ります。

大乗仏教の主要目的は自分だけの解脱ではありません。ブッダとなる努力をするのは、いつでも他の人々の幸せのためなのです。自分自身が生存の輪廻から解放されるということは、自分が存在することをやめる、ということではありません。彼は瞬間瞬間存続します。しかし、知者はもっと多くのエネルギー、もっと多くの智慧、もっと多くの慈悲を持つのです。

それでは、人は転生の輪から解放されることが可能でありながら、また現世に戻ってきて他の人々に奉仕するのですね？

はい、もちろんです。他者への奉仕が解脱の目的だからです。解脱とは、存在の輪廻を離脱して、どこか別のところに行ってしまうことではありません。解脱とは、有情を救うために、よりよいエネルギーをもって戻ってくることです。人は相変わらず存在の輪廻の中におりますが、もはや自分自身の否定的な感情や行動に影響されることはありません。

彼が私に尋ねます——あなたは輪廻の教義を受け容れることができますか？

はい、私にとっては、極東と仏教に関係するものはすべて実に自然に思えます。ひょっとすると、私がまさに過去世で東洋に生き、学んでいたからかもしれませんね。私の心には青春時代に願った夢がまた思い浮かんできます。一九三〇年のことです。チベットは私にとっては、地理的地図でも精神的地図でも、空白のシミにすぎませんでした。チベットに行くことは流行にはなっていませんでした。もっとも、ヨーロッパ人が初めてヒマラヤの高峰に登った、ということは耳にしていたに違いありません。私はアルプス地方に育ち、熱心な山登り娘でした。そこで、ヒマラヤに興味を持ったのです。そこには行けないだろうな、と私は考えました。私は「世界の屋根」という言葉に魅了されました。最高の山頂、もっとも高い場所。二〇歳のとき、私はある日、短篇小説を書きはじめました。若いヨーロッパ人のグループが、空虚で病的な文明に嫌気がさして、「世界の屋根」を目指して登りはじめ、なんとか生活できる高さの地点に共同体あるいは修道院をつくる、という物語です。私はその物語をなくしてしまいました。それについて知っているのは、友人がそのことについて私に書いた手紙からだけです。どうして私はこんな考えを思いついたのでしょう？　私はそれについては、登山家たちに関する時事的ニュース以外には何も読んでいませんでした。私にとっては、それが恋いこがれるような願望の源泉になったのです。ずっとあとになってから、私がチベットに行くのではなく、チベットのほうが私のところにやってきました。それも本を通してだけではなく、チベット僧ラマ・アナゴリカ・ゴヴィンダという人物としてです。彼は（奇妙な運命の摂理です）ローマ近郊の私の家に三日間泊まっていきました。私は彼に、マントラ（真言）とかそのほかの何かの神秘的なことを教えてくれ、と頼みました〔マントラは諸仏の特定の宇宙的な諸力と側面を表現する、力のある音節あるいは音節のつながりで、しばしば仏の名称である。多くの仏教流派では、瞑想の形式としてマントラがたえず繰り返される〕。彼は笑って言いました、「向こうのほうからやって来るのを待ちなさい。それは必ず来ますよ」

それは来ました。何年か前、私は中国南部の四川省に行きました。チベットの国境すぐ近くです。中国人の友人たち（チベットの敵ですが）が、国境を越えるのは危険だという口実で、私に国境を越えさせせなかったときには、本当に心が引き裂かれました。また間もなく冬になるし、寒すぎる、と言って……。

敵のせいであなたは国境を越えられなかったのですね。敵とおっしゃいますが、誰の敵ですか？

## チベットの敵、あるいは敵を友にすること

私たちはすでに敵対関係というテーマについて話し合っていましたが、それは次のような問題

に集中していました――敵がいるということは多くの人間にとって否定的なことです。私たちはどのようにしたら敵を尊重すべきものとして認識できるでしょうか？　私たちはどのようにしたら敵を師と見て、感謝の念をもって出会うことができるでしょうか？

ダライ・ラマ――私の日々の実践の中で、私は中国人について瞑想し、彼らに対する尊敬の念を成長させ、慈悲心を開発するように努めています。なぜかといいますと、彼らもまた苦しんでいるからです。私は彼らの否定的な感情と行動を自分に引き受け、彼らの意見を自分のものとして理解します。火は水の敵だ、などとあなたは言うでしょうか？　水の側からすれば、火を損なおうなどという意図はないのですよ。

でも――と私は言います――中国人はチベット人を損なおうという意図を持っていますよ。損害を与えることが彼らの主目的ではなく、自民族の利益をはかることです。

あなたはそのように考えることがおできになるのですか？　中国人を敵ではないと考えることができるのですか？　あなたにはそもそも敵というものが存在するのでしょうか？

私がただ政治家だけであるのなら、私には敵も敵対関係もあることになるでしょう。しかし、私はまた仏教僧でもあり、仏教僧として、生じている問題をそのつど二つの側から見るように努めています。そして話し合いを通して、寛容と善意をもって、さらに交渉というやり方で好意を示すことを通して、問題を解決しようと努めています。

そうですね――と私は言います――外交は重要です。しかし、外交は厳しい真実を覆い隠すことがよくあります。にもかかわらず、政治家たちが互いにどなりあい、ののしりあい、公の場で中傷しあうことを、私は恥ずかしく思います。もちろん、それは文化水準や気性の問題でもありますが。もっとも私は、聖下、あなたが外交を策略として用いているとは思いません。あなたにおかれましては、それは慈悲の深みから現われてまいります。

それもたしかですが、またただ単に、外交のほうが暴力よりも多くのものを達成できる、という経験もあるからですよ。

あなたの力は無畏怖心から生まれているのだと思います。自己中心的な恐怖の欠如、神的な力の援助の与える安心感から。敵とは敵ではないというあなたの信念から。子供のころ、私は動物が全然こわくありませんでした。ただ一匹のつながれた番犬だけがこわかったのですが、それは実際危険な犬でした。私は近づいて小さな声で言いました。「お前はいい犬なんだよ。私に何もしないよ。お前が機嫌が悪いのは、ただ人がお前をいじめたからだよ。いい犬ちゃん、いい犬ちゃん……」。そうやってどんどん近づいていきますと、犬は鎖のところで暴れましたが、私に向かってかみついてはきませんでした。犬はだんだん静かになりました。数年前、私は同じ実験を、私の隣人が飼っている犬にも行なってみました。それは鎖につながれていない、「たちの悪い」大型犬です。犬の飼い主が私に叫びました。「離れていて下さい。その犬はかみつくんですよ」。私は近づき、犬に開いた手のひらを見せ、彼にその臭いをかがせました。犬は私の穏やかな声を聞いて、とうとう私の手をなめました。それ以来、私たちは仲のよい友だちです。それは、敵を友人にするための有効な方法ではありませんか？　大切なのは、悪い意図を持っていないということを敵に示すことです。武器なしで。そして恐れなしで。恐れを見せる人は、自分のほうが弱い、ということを証明しています。恐れない人は、自分は強いということを示しています。動物はそれをかぎ取り、感じ取ります。それは中国人に対しても有効ではないかしら？……有効だと思います。私は思い出しますが、私たちドイツ人はさんざん不安を注入されたものです――「ロシア人が来るぞ！」とね。それを聞いただけで、私たちは攻撃によって自分を守ろうという気になったものです。他人が私たちの軍事的優勢に対していだいている不安を取り除いてあげましょう！

　そうです。しかし、私たちがいかなる不安恐怖も生み出さないつもりであれば、私たちは実際に不安恐怖のない状態にならなければなりません。私たちは、相手は邪悪な敵ではなく、兄弟であるということを、深く確信しなければならないのですよ。

　私たちには、聖フランチェスコとグッビオ〔イタリア中部の町〕の「邪悪な」狼に関する美しい伝説があります。その狼は毎冬何頭もの小羊を引き裂いて、飼い主に損害を与え、彼らを悩ませていました。フランチェスコは何をしたでしょう？　彼は狼のところに行って、こう言いました。「私たちはここで取決めを結ぼう。もしお前が腹がすいたら、お前かお前の子供が腹をすかしたら、そのときはここに来なさい。私はお前に小羊を一頭くれてやろう。しかし、そのときはお前はもうほかの羊を襲ってはならないぞ」。狼は、聖人の差し出した手を握り、取決めが交わされ、そして守られました。この種の物語がたくさんあります。聖ヒエロニムス〔三四二頃〜四二〇年。ラテン語聖書翻訳者〕は、大きなトゲが足に深くささったライオンを見つけました。聖人はそのトゲを抜いてやり、傷の手当てをしてやりました。そのとき以来、ライオンは彼の仲間になりました。イェシュアについては、悪霊に憑かれた危険な男に彼が近づいても、襲われることはなかった、と書かれています。聖下、あなたはライオンの檻の中に入ることができるし、ライオンはあなたに前足を差し出すと思いますよ。

私がこれを言ったのは、テープを入れ替えている最中です。彼の答えはありません。私がさらに、「中国人もいつかあなたに手を差し出すのではないでしょうか？」と付け加えたとき、彼はたぶん笑いました。

## ニューエイジ――現実的ユートピア

対話はそのあとごく自然に、来たるべき新時代、ニューエイジ、水瓶座の時代のことに移りました。

政治におけるこれらの数多くの、そしてラディカルな変化は私たちをどこにつれてゆくとお考えですか？

それは私たちの努力にかかっています。もちろん、私たちには重大な枠組み的前提条件が課せられています――人口爆発、技術の急速な進歩と、それが環境に及ぼす悪影響です。しかし、私たち自身の行動が主要なファクターです。私は、人間はこれらの問題を克服する能力を有していると堅く信じています。しかし、これらの能力を発揮するためには、基本的な心の持ち方が必要です――意志力、決断、自信、そして楽天的な心構えです。これらの能力は私たちすべての中に常に潜在的には存在していますが、使われないまま眠っているのです。危機はいずれにせよ有益なものです。私たちの精神を覚醒させてくれますからね。

私たちは――とダライ・ラマは言います――シャンバラ王国〔神秘的な王国の名前。その地理的な場所は確かではないが、伝説によればインドの北東に位置する。世界が戦争と破壊に支配されるとき、シャンバラからは人類の救済者が現われるという〕に関する太古の伝説を持っています。それは理想的な社会の国です。理想国家ユートピアに関するたくさんのイメージがあります。カール・マルクスもそのようなイメージの一つをいだいていました。ただし、彼は間違った土台の上にそれを打ち立てました。慈悲ではなく階級憎悪の上にです。貧乏人は金持ちを憎み、被抑圧者は抑圧者を憎みました。一つの理念、一つのイデオロギーを何が何でも他人に強制することはできません。宗教的理念や実践方法もです。私はいつでも共産主義の理念に非常に惹かれていました。すべての人間の原則的平等の理念、すべての人々の幸せに対する配慮、最貧者に対する配慮は魅力的でした。残念ながら、高い理念と具体的な日常的現実の間には、深い裂け目が口を開けました。私たちはそれを東ヨーロッパで見ましたし、現在は中国で見ています。革命的理念は最初は強い魅力を持っているし、旧体制、エスタブリッシュメントの支配構造を破壊する強い力を持っています。しかし、この初期段階が終了すると、嵐のような運動は死に絶え、硬直化したシステムになります。なぜなら、憎悪という根本的な動機がもはや機能しなくなるからです。誰を憎んだらよいのでしょう？　すべての資本主義世界とすべての封建的システムをでしょうか？　今日、共産主義中国は自国の封建的な歴史を何と憎んでいることでしょう。中国の歴史は、皇帝とすべての権威を神的なものとして敬う儒教の理念と混じりあっていました。すべての封建的権力に対する共産主義者の憎悪は、チベットとすべての仏教国、モンゴルやカンボジアにも向けられました。これらの国々はそもそもの最初から仏教に深く根ざしていて、平和に生きてきたのですが、突然、極端な暴力によって自国の歴史を否定したのです。共産主義は平和な世界をつくろうとしたのではなかったでしょうか？

私の質問――当初の理念を実現するために十分な時間を共産主義に与えなかっただけなのではないでしょうか？　共産主義を野蛮で闘争的なものにさせたのは、西側世界のほとんど全体の抵抗だったのではないでしょうか？　イエスという平和創造者の意志に反してキリスト教徒に武器を取らせたのは、「異教的」ローマ人によって奴隷化されていた地中海世界の抵抗だったのではないでしょうか？　世界の何ものも不変のままではありません。中国の共産主義も変化するでしょう。キリスト教も変化しつつあります。チベットも変化するのでしょうか？

ダライ・ラマ——確実に変化します。しかし、中国人の圧倒的な圧力を受けても、チベットは共産主義にはなりません。仏教は個々人を尊重します。マルクス主義があまりに権威主義的であるのは、チベット人にとってばかりではありません。マルクス主義は、すべての人間の基本的な権利を擁護する、と主張していますが、その反対のことをやっています。人間から、自分の頭で考えるという基本的な権利を奪っているのです。

しかし——と私は質問します——どのようなものであれ、権威なしですますことができるでしょうか？　あなた自身が最高の権威なのではありませんか？　あなたの前任者であるダライ・ラマ一三世については、彼は厳格で、権威主義的に統治した、と言われていますね。

必要があったときにそうしたのです。私自身は——とダライ・ラマは言います——権威主義的になることはまったくできません。それは私には向いていません。

しかし、すべてのチベット人はあなたを最高権威として尊敬しています。

それは私の性格と関連しているのではなく、私の立場と関連しているのです。そしてこの立場を私は自分で選んだのではありません。

もしチベットが自由になったら、お国はどのような政治形態を取り、あなたはどのようなお立場になるのでしょうか？

もちろん、チベットは自由な民主国家になるでしょう。

そしてあなたは？

私は……。チベットが自由になれば、私は私の政治的目標を達成したことになります。そのときは（彼は笑います）、そのときは私は分厚いサングラスをかけて、登山杖を持ち、山の中に入り……。

そして仙人になります。でも、あなたの深い政治的コミットメントがそのようなことを許すでしょうか？

彼は笑います。

## 神秘主義と平和

本書の冒頭に、ダライ・ラマは政治的人間である、と私は述べました。そして、彼がどの程度政治的人間であるかを詳述しました。しかし、私はまた、彼は神秘家である、とも言いました。この点を述べる仕事はまだ残されています。でも、神秘主義とは何でしょう？

人々はそれが何であるか知っていると思っています。神秘主義とは、ただ選ばれた者のみが受け容れられる「秘密の宗教」を指す言葉だと思っています。神秘主義は少数者のための思考法、生き方ではありますが、特定の宗教の枠に結びついているわけではありません。すべての宗教とすべての文化に神秘主義はあります。ギリシャ人の間にはオルフェウス教徒とディオニュソス神の信奉者がいました。エジプト人にはイシス神の信奉者、ペルシャ人にはミトラ神の信奉者、イスラム教徒にはスーフィー、キリスト教徒の中には一連の有名な人物がいます——マイスター・エックハルト〔一二六〇～一三二八年。ドイツの神秘主義者〕、タウラー〔一三〇〇頃～一三六一年。ドイツの神秘主義者〕、アンゲルス・ジレージウス〔一六二四～一六七七年。ドイツの神秘主義的宗教詩人〕、ヤーコプ・ベーメ〔一五七五～一六二四年。ドイツの神秘主義者〕、パラケルスス〔一四九三～一五四一年。ドイツの錬金術師〕、ロイスブルーク〔一二九四～一三八一年。ベルギーの神秘主義者〕、アビラのテレサ〔一五一五～一五八二年。スペインの聖女〕やそのほかの大勢の人々です。

これらのすべての人々はダライ・ラマとどんな関係があるのでしょう？　彼らはすべて、「感覚的世界」を幻影と見なして、それから離脱しようと努めます。そして、彼らは「核心」を求めます。「存在」、「本来的なもの」、神あるいは神的な根源力との合一、全存在者の一体性の体験、対立するものの合致を求めます。それをどのように記述し、どのようにもっとうまく言い換えようと、それは常に同じものを意味しています。人間と、人が神と名づけるところのものとの一体性の体得です。そして、神とは「すべてのものの中の神」です。いずれにせよ「神秘主義」とは、全存在の灼熱する核心の体験を意味しています。この体験は、人間が絶対的純粋性の中で生きるときにのみ与えられます。絶対的純粋性とは、エゴから自由であること、「毒」（というように仏教では悪への傾向を名づけます）から自由であること、憎悪、妬み、復讐心、闘争心から自由であること、そして全存在者に対する愛にあふれ、すべての生き物への慈愛にあふれ、すべてを包みこむ憐れみの心にあふれることです。このような意味で純粋である者は、「悟り」を体験します。神的なものとの実存的一体性を体験します。ですから、このような体験は、自我から完全に解放された活動的な愛の生活、つまり「聖」なる生活を前提としています。このような生き方は非常に困難であるので、神秘主義の領域に到達する人間はごくわずかしかいません。ダライ・ラマの講演や書物を、そして彼自身を知っている人は、彼が神秘主義の領域を知る人であり、「秘儀参入者」であり、それ以上の存在であるということがわかります。仏教自体は神秘的教説ではありません。すべての人が近づくことができる教えです。それはキリスト教とイスラム教がすべての人に理解できるものであるのと同じです。しかし、キリスト教とイスラム教に神秘的な核心が存在しているように、仏教にもそれがあります。仏教を「理解する」ことは、西欧的知性には大きな困難を与えます。それは東洋的知性にも困難を与え、非常に長い勉学、キリスト教神学よりもはるかに長い勉学を要求します。そして、すべての学知の目標は智慧と愛なのですが、この目標に対する完全な献身が必要です。ダライ・ラマは鋭い知性をそなえた知識人ですが、それが彼の本質を定めているわけではありません。彼の本質は、たとえば使徒ヨハネのそれと同じように単純です。ヨハネはイエスの教えたキリスト教的神秘教理の秘儀参入者でしたが、人生の最後に、彼の秘教的認識の総括として、「互いに愛しあえ」という一言しか言い残さなかったのです。

「互いに愛しあえ」とダライ・ラマは言います。彼は神秘家としてそう言うのです。そして彼は政治家としてもそう言うのです。政治における彼の命題は——いかなる形の暴力をも放棄せよ、汝らの心の中に平和を持て、さすれば全世界は平和になる、というものです。政治家ダライ・ラマの演説は、神秘家ダライ・ラマの教えです。

私がここで述べていることは新しいことではありません。私にとっても新しいことではありません。私はすでに長年非暴力の問題に取り組んできました。この問題は私を必然的に、今日の現実政治の政治家はどのようにして暴力を放棄することができるだろうか、という問いかけへと導きました。この問いかけは、私がダラムサラにダライ・ラマを訪ねたとき、再三再四話題にしたテーマの一つでした。

## 平和精神への覚醒

もちろん、私たちにはすぐにガンディー〔一八六九～一九四八年〕のイメージが思い浮かんできます。ガンディーはヒンドゥーの神秘家でしたが、イギリス植民地支配者によってひどく抑圧されていたインドの悲惨を見るに見かねて、いわばいやいやながら政治家になりました。非暴力の政治家、不動の忍耐をもった政治家になりました。この点においてダライ・ラマにとっての模範です。このガンディー自身も、今日では歴史的記憶から忘却され、単なる伝説として片づけられている偉大な模範に従っていました。しかし、それは歴史的に実在した人物なのです。それは、西暦前三世紀に生き、インドの大部分を支配したアショーカ王です。彼は、インドの数多くの地方を統一し、彼の時代に世界帝国をつくった最初の支配者でした。偉大な征服というものは暴力によって、つまり戦争によって成し遂げられます。アショーカ王は戦争を行ないました。たった一度の大戦争を。勝利に終わった戦争を。すべての敵を決定的に打ち破ったあと、彼は戦場に馬を進めました。彼は自分は幸福な勝利者であり、偉大な人物であると感じることができました。しかし、彼は死者を、負傷者を、手足を切断された者たちを見、驚愕しました。彼は、自分がしたこと、そしてするように命じたことを見たのです。そこでは殺生が行なわれました。神のものである人間が殺害されました。ヒンドゥー教の信者である彼が、神を無数に殺したのです。

この瞬間、彼はすべての命あるものの神秘的一体性を体験しました。「ダルマ」、神的な霊を体験したのです。これは伝説ではありません。歴史的な事実です。今日でも、インドの数多くの場所で、岩に刻まれて立っている平和詔勅が見出されます。そこに書かれているのは、自分の行為に対する深い悔悟の言葉と、もはや二度と暴力を行使しない、二度と戦争を行なわない、二度と生あるものに苦しみを与えない、という誓いです。彼は自分のメッセージを帝国のすべての国々に広めさせ、すでに仏教徒になっていましたが、他のすべての宗教を尊敬すべきことを、重要な規定として定めました。彼は――と岩に刻まれた言葉は語っています――その広大無辺の愛を政治的・社会的行為に移しました。彼は帝国のすべての地域の人間と動物（！）に薬を送り、奇妙な新しい社会的身分をつくりました。社会福祉者の身分です。それは、金持ちでも貧乏人でも、苦しんでいるすべての人々を助け、囚人の世話をし、励まし、解放する人々です。

神秘家はすべてを包みこむ愛の法則に従って行為します。ラディカルな政治的転向を引き起こすのは、しばしば個々人の「ダマスコ」体験（キリスト教徒を弾圧していたパウロがダマスコで霊的にキリストに出会い、回心したこと）です。アショーカ王の場合には、それが死屍累々たる戦場の光景であったのに対し、ガンディーの場合には、それはひどい社会的不公正の実地体験でした。彼はきちんとした身なりをし、同じ列車に乗っていた白人たち、植民地のイギリス人とは黒い肌の色が違っていただけでしたが、彼らによって「有色人種」として差別され、自分から車室を出ていかなかったので、次の停車駅で汽車から放り出されたのです。

彼の反応はどのようなものだったでしょうか？ 憎悪？ 敵意？ 復讐心？ 南アフリカの高原地方の小さな駅の待合室でひとりで凍えながらすわっていたとき、彼は突如、すべての虐げられた人々と一体になるのを感じました。そしてまた、自分の敵として現われた人々とも一体になったと感じました。彼の心は燃えるような愛で満たされました。自叙伝の中で、彼はこう書いています。「私が獲得を求めるもの、そのために私が生きかつ苦しんできたもの、それは神を見ること、神と真正面から向かいあうことである。私が行なうことのすべて、書くことのすべて、私が政治の分野で行なうことのすべて、それは同じ目標を目指している……」。彼は専門職業的にまた自発的意志で政治家になったのではありません。彼は孤独がいちばん好きで、たびたび投獄されると、牢屋では黙って瞑想できるとしばしば喜んだものでした。その彼はこう書きました。「私は政治に参加しているように見えるが、それはただ、政治が今日、ちょうど蛇がその獲物に巻きついているように、私たちに巻きついているからにすぎない。……それゆえ、私は蛇と戦うつもりである。……私はこの義務に宗教の精神を浸透させようと試みるつもりである」。すべての政治家への遺言として、彼は、「謙譲の極限」である絶対的非暴力への呼びかけを遺しました。

## 同時に神秘家にして政治家？

この絶対的暴力放棄が実行できるものであるのか、できるとすればどのようにしてか、ということが、ダライ・ラマと私の間の対話の一回の内容でした。

西側世界にも、政治と神秘主義的な宗教性との不可能に見える融合を生き、そのことによって平和への偉大な貢献を行なった人物がいるでしょうか？

私たちは、エジプトの大統領だったアンワル・エル・サダト〔一九一八〜一九八一年〕のことをまだ憶えているでしょうか？ 彼はエジプトとイスラエルの間で平和条約を結び、それによってノーベル平和賞を受賞しました。彼はイスラム教信仰のエジプト人農民の息子で、革命家であり、イギリス植民地支配の敵対者でした（ガンディーと同じように）。何度も投獄され（ガンディーと同じように）、いやいやながら政治家になり、イスラム議会の事務長になり、当時の大統領アブデル・ナセルの政敵になり、国民議会の議長になりました。

私たちは、情報が乏しいせいもあり、イスラム諸国との否定的な経験にも影響されて、イスラム教を徹頭徹尾攻撃的な宗教だと見なしています。

サダトはイスラム教徒でした。宗教的に厳格なイスラム教徒でした。その彼がどうして平和創造者になったのでしょう？　彼はそのことを自叙伝の中で述べています。彼もまたイギリス人とその追随者によって逮捕され、投獄されました。彼の状況は絶望的でした。彼はそれをどうやって克服したのでしょう？

彼の体験の原像は使徒行伝に見出されます。イエスの弟子で、のちにペテロと名のったシモンは、国家反逆者として（国家反逆者イエスの追随者であったので）逮捕され、牢獄で重い鎖につながれていました。夜に彼のところに天使が現われ、鎖をはずし、彼を解放しました。壁は物質的な壁のままでしたが、彼の前で開きました。これがただの伝説であろうとなかろうと、それは神秘的解放の過程に妥当する出来事です。ガンディーも牢獄の中で自由であると感じ、サダトもまったく同じだったのです。実際の解放という奇跡は起こりませんでしたが、にもかかわらず、ガンディーもサダトも精神的解放の奇跡を体験したのです。それは偉大なる解放そのものの原型的体験です。サダトはこう書いています（彼の言葉そのまま）。

「現世的な苦悩とちっぽけな感情にまとわれた自我の狭い限界からひとたび解放されると、人間は新たな世界へと歩み入るであろう。彼の魂は絶対的自由を享受するであろう。それは生の全体性と合一し、時間と空間を克服するであろう。このような解放のプロセスを通して、人間は愛の力とすべての現世的な諸力を発達させるのである。人間の思考を混乱させるような人々ですら、完全な内的平和の達成に貢献し、そのようにしてその人間を絶対的な至福へと導くであろう。

……その当時、私は自我否定の世界へと導かれた。自我否定によって私は、私の魂を他のすべての存在と融合させ、魂を拡大し、全存在の主との交感に入ることができるようになった。……神との友情は私を大いに変えた。……私は人々の喜びを私の喜びとした。憎悪や復讐などの軽蔑すべき感情を、私は自分の心から追放した。そのかわりに、正義の最終的勝利に対する信念が、私の意識にしっかりと植えつけられた。……私を狭い自我に結びつけていた重い枷がはずれるやいなや、私は神の愛を喜びはじめた。私は、自分が神の愛の中に生きていること、愛こそ生命の法則であることを感じた。……愛の心から出発して、私は自分の義務の遂行に取りかかった。牢獄の中であれ、釈放のあとであれ……あるいはエジプトの大統領である今日でもそうである。それゆえ、私は倦むことなき愛の擁護者なのである。……政治とは、神の意志が実現される社会をつくる芸術である、と私は思っている」

今日の政治家の中の誰が、サダトの政治の定義は自分の定義だ、と天地に恥じることなく言えるでしょうか？　私たちの指導的政治家の中のどの人物が、幸福をもたらすべき責任がある人類に対して、神秘的に感得した愛の関係を有しているでしょうか？　彼らの中の誰が愛と慈悲心を行動の原動力としているでしょうか？　政治家たちが以下のようなことを理解しはじめるならば、それだけでもうたいしたことです——一国だけの孤立した政治などもはや存在しない。人類はたった一隻のボートの中にすわっているのであって、共同の努力によってのみ世界の暴風を越えられるのである。私たち人類は極度に危機に瀕した経済共同体以上のもの、ばらばらな個人の総体以上のものであり、一個の大有機体なのである。その有機体は、サダトの言葉を引用すれば、「神の意志を実現しなければならない」、すなわち徹底的な暴力放棄を実行して、慈悲心をすべての政治的決定の指導的動機としなければならないのである。

次のような政治家が誰であるか当てることができますか？　彼は死の直前、最後に読んだ本であるトマス・ア・ケンピス〔一三八〇頃～一四七一年。中世ドイツのキリスト教思想家〕の『キリストに倣いて』をホテルの部屋に残していました。それは政治的な使命を帯びた飛行機旅行の直前でしたが、その使命のために、彼は今日に至るまで解明されていない謎の死をとげました。この政治家は、その少し前、中世神秘主義における愛の概念について、彼の同僚と話し合っていました。

スウェーデン人ダグ・ハマーショルドです。彼は職業的政治家でした。一九三六年から一九四五年まで大蔵次官、一九四一年から一九四八年まではスウェーデン国立銀行総裁を兼任、一九四九年からは外務次官、一九五一年に大臣、一九五三年に五年の任期で国連事務総長に選出。一九五七年に次の五年の任期で再選。一九六一年に飛行機墜落事故で殺害される。彼の数多くの敵の誰かによる仕業だと思われるが、ひょっとすると、アフリカ・コンゴ地域の蜂起した諸民族との停戦を実現しようとするハマーショルドの努力を拒否したイギリス外務省の誰かの仕業かもしれない。彼の行動は国連の内部でさえ不評を買っていた。ですから、それはあらゆる危険に満ち満ちた外交的キャリアでした。そして、それが彼について言うことができるすべてなのでしょうか？　彼は日記を遺しました。そこにはアフォリズムの形式で、豊かな思想が書かれています。

ある人は彼の文体を「ガラスのように透き通った不透明さ」と評しました。不透明に思えるのは、神秘主義の言語を知らない人々にだけです。神秘的な体験を有している少数者にはガラスのように透明です。

成熟——運命の無条件的肯定によって、お前がお前自身に完全に無関心になったときはじめて獲得する新たな無意識性のこと。みずからを神のみ手にゆだねた者は、人々に対して自由に向かいあう。彼は、彼らに自分を非難する権利を与えたので、まったく自由なのである

お前が自分のために何かを選択するとき、お前に支えはない

杯の誇りはその飲み物であり、
杯の謙虚は奉仕である。
杯の欠点とは何を意味するのだろう?

信仰とは神が人間と合一することである

我らを自由に創造した汝、

生起するすべてをみそなわし――
にもかかわらず勝利を確信している汝、
今や我らのもとにあり、
極度の孤独を苦しむ汝、
私自身でもある汝、
私の時がいたれば、
私も汝の重荷をになうことが許されるのだろうか……

我らの上にいます汝、
我らの一人である汝、
汝は存在する――
我らの中にも……

地位はお前に決して命令する権利を与えるものではない。他の人々がはずかしめられたと感じることなくお前の命令を受け取れるように生きねばならない、という責務を与えるのみである

もし何かの座右の銘ということであれば、私のは――

神常にともにあり。
それならば、焦るのはなぜだ？

一九六一年の彼の詩の一篇から――

……待つこと、
私が立たされた場所で
最初の矢によって
標的に裸で突き刺されたまま……
私は何を恐れているのか？
もし矢が当たり殺すとしても、
何を
泣くことがあろう？……

## 女性の神秘主義と政治

神秘主義はしばしば女性的なるものの領域と見なされているのではないでしょうか？　キリス

ト教の中にも、教会から神秘家として認められ、尊敬され、政治的に活動した女性が数多くいるのではないでしょうか？

たくさんいます。人々が考えているよりも多くいます。もっとも有名な女性を取り上げてみましょう。シエナのカタリナ〔一三四七～一三七八年。イタリアの聖女〕です。彼女は神秘家、「覚者」（と仏教では言うことでしょう）でした。彼女はいわば真っ直ぐ上に向かって生きていました。彼女の関心は神的領域に向けられていました。しかし、そのことによって彼女は、彼女の時代の、つまり一四世紀の政治に力強く介入することを妨げられはしませんでした。フィレンツェで教皇の世俗的権力に対する反逆が起こり、教皇はローマを逃げ出し、アヴィニョンで亡命生活を送らなければならなくなりました。カタリナはこの政治的・教会的紛争をスキャンダルだと思いました。彼女は、マグデブルクのメヒティルト〔一三世紀ドイツの女性神秘主義者〕やビンゲンのヒルデガルト〔一二世紀ドイツの女性神秘主義者〕のような中世貴族階級の女性のように教養豊かな女性ではなく、無学な婦人にすぎませんでしたが、自分は仲介者になる資格があると思いました。正確に言うと、両陣営に対する警告者になったのです。彼女は旅をし、手紙を書きました。これらの手紙の八八通には日付があり、保存されています。それらの手紙は受け手に強い印象を与えました。そして彼女はついに目標を達成しました。教皇はローマに戻り、国家と教会の間の統一が回復されましたが、それは彼女に対する敵意も生み出しました。しかし、人々は彼女を尊敬し、彼女の政治的介入を、霊的・神秘的生活への裏切りだとは非難しませんでした。というのは、その時代のきわめて複雑な世俗的・教会的事件に介入する途方もない勇気を彼女に与えたものは、彼女の神秘的な悟りであったことが理解されていたからです。その当時彼女によって批判された教会は、今日彼女のことを「教会の女性教師」と呼んでいます。

神秘家は特定の宗教に属する必要はありません。神秘家は、社会主義の政治家で平和のための闘士であったローザ・ルクセンブルク〔一八七〇～一九一九年〕のように、無神論者の場合さえあります。彼女は一九一六年から一九一九年まで、反軍的行為のために投獄されていました。彼女は一九一九年一月一五日に撲殺されました。死に近いころ、牢獄で彼女は手紙を書いています。そこには神秘主義の語彙と見なしうる言葉は一言も見出されませんが、その手紙は神秘的な性質の霊的体験を表現しています。彼女は殺風景な寒い牢獄でこう書いています。

「特別な理由は何もないのに、私がたえず喜ばしい陶酔の中で生きていることは何と奇妙なことでしょう。……そのとき、私の胸は不可解な、未知の内的喜びで高鳴るのです。それは燦々と降りそそぐ陽光の中で花咲き乱れる牧場を歩くときのようです。そして私は暗闇の中で人生に微笑みかけます。まるで私が、すべての悪と悲しい虚偽を処罰し、それをまったくの明るさと幸福に変えてしまう、何か魔法の秘密を知っているかのように」

魔法の秘密――彼女はそれが何であるか言葉にすることはできませんでしたが、それは、彼女自身の内在する純粋性、彼女の確固不動たる平和への意志、そしていかなる危険を冒しても抑圧された人々のために尽力しようとする心構え以外の何ものでもありません。神秘体験が本ものであるか否かは、結果によって検証できます――愛が増大するか否かによって。なぜなら、神秘的生の核心とは愛、しかも全被造物への愛であるからです。彼女はある手紙の中で、刑務所の中庭で、重い荷車を引いて敷居を乗り越えることができない二頭の牛を見たとき、「鋭い痛みを感じた」と書いています。牛は鞭の太い端でひどく打たれたので、皮膚が裂け、出血しました。一頭の牛は泣きじゃくる子供のような表情を浮かべて、彼女の前に立っていました。彼女も泣き出しました。「それは牛の涙でした。私が自分の置かれた無力さの中で、この無言の苦しみのためにひどく苦しんだほどには、最愛の兄弟のためでさえ悲嘆することはできません。……ああ、私のかわいそうな牛、私のかわいそうな愛する兄弟、私たち二人はここでこんなにも無力で、ただ痛みと憧憬の中で一体なのです……」

## 慈悲心

それができたなら、ローザ・ルクセンブルクも若きダライ・ラマが故郷で行なったことをきっとしたことでしょう——屠殺場に連れてゆかれる羊を見たとき、彼は慈悲心に圧倒され、羊を買い取って自由にしてやりました。彼は羊たちの不安恐怖を自分のそれと感じたのです。彼はいかなる生き物の苦しみも一緒に苦しみましたし、苦しんでいます。なぜなら、彼はすべての生き物を愛しているからです。共苦は彼にとって生命の根本感情です。この共苦は、かわいそうに、とただ生き物の苦しみに心動かされるだけのことではありません。それは、仏教徒が立てる高度の誓願の核心なのです（少なくともいわゆる「大乗」と呼ばれる流派の仏教において）。有情に決して苦しみを与えない、という誓願です。この誓願は、すべての有情が救われるまでは個人的な救済（個人的な涅槃に入ること）を意識的に断念する、というところにまで行きます。有情の殺害は重大な罪であり、いかなる種類の暴力行使も禁じられていることは自明のことです。殺したい、とただ心の中で思うことも罪です。ですから、いかなる憎悪の思念も敵対心も禁止されています。仏教徒が断固たる戦争反対者であることは明白です。そしてまた、彼らが殺した動物の肉を食べないこともまた明白です。もっとも、この規定はヒマラヤ高地では守ることはできません。そこではあまり草が生えず、農業ができず、動物（ヤク）以外にタンパク源はありません。当然そこでは動物の肉に依存することになり、動物を殺さざるをえません。ここにもまた私たち人間存在の大きな矛盾があります。動物を殺す人々を、掟の外にいる人々、のっぴきならない必然性から動物を屠殺することが彼らのカルマである人々と見なすことによって、他の人々は自分たちの生存を維持しているのです。

要するに、「禁欲」という言葉は、厳格な規則に関係しているのではなく、心を束縛し、心に付着するすべてのものの放下に関係しているのです。キリスト教的・禁欲的に教育された私は、ダライ・ラマに会って、禁欲とは解放と歓喜を意味するということを理解しました。私はまた、ダライ・ラマがなぜエロスとセックスという素晴らしい賜物について肯定的に語ることができるのかも理解しました。イエスもまた、生の軽蔑者に都合のよいことを語ったのではありません。

「よろこべ」と彼は言い、よく食べよく飲み、おそらくカナでの婚礼のときには踊ったと思われます〔ヨハネ伝第二章〕。そして彼の肉体的な復活は永遠の生命を伝えるメッセージです。

神秘家でもある政治家は存在しましたし、現在でも存在します。ハマーショルドのような人物の神秘主義は、十字架と苦悩の垂直的神秘主義です。それは個別的魂から出発して神の高みに昇っていこうとします。サダトの神秘主義は水平的で、全存在を包容します。それは歓喜の神秘主義、救われた魂の神秘主義です。両方に共通なのは、人間に対する愛と、肉体的自己の無力さの燃えるような感情です。そしてまた、彼らの犠牲的人生が集合的カルマを改善するという点も共通です。

神秘家とは、現実的にものを見、必要とあらば現実に応じた行動をしながらも、すでに、そこではもはや「右」も「左」も、キリスト教も仏教も無神論も問題ではなく、ただ一つのもの、愛のみが問題である領域に入っている人々です。彼らはたとえ自分の命を犠牲にしても、その愛を実践するのです。

世界平和を実現するためには、まだどれだけの数のそのような犠牲が必要とされるのでしょう？　あなたたち無名の人々、あなたたちキリスト教徒、仏教徒、ヒンドゥー教徒、イスラム教徒、バハーイー教徒〔バハーイー教はイラン人ミールザー・ホセイン・アリー（一八一七〜一八九二年）が創始した宗教。人類の平和と統一を目的とする〕、ユダヤ教徒、あなたたち正しき社会主義者と共産主義者、あなたたち神秘なる霊知者――あなたたちの思い出に祝福あれ。

そして私たちは？「恒久平和」の可能性を信じるすべての人も神秘家ではないのでしょうか？ 彼自身、そのような平和が存在することを信じている人間ではないのでしょうか？ あるいは、彼の中に生き、私たちすべての中に生き、私たちに恒久平和を希望させているものは、神的な根源霊ではないのでしょうか？ ダライ・ラマは私たちが見倣うべき模範ではないのでしょうか？

## 非暴力

私たちはもう一度、個人が世界平和のために何ができるか、という問題に戻りました。

ダライ・ラマの著書の一つは『平和は汝のうちで始まる』というタイトルです。

私はダライ・ラマに、私が自分の子供たちを、彼の言う慈悲心へとどうやって教育したか、ということを語ります。私たちの小さな家族の間でも、ダライ・ラマの兄弟たちの間で起こったのと同じような、通常の兄弟喧嘩はありました。しかし、それは深刻なものにはなりませんでした。はるかに深く浸透したのは、私が社会主義への教育と名づける修練でした。私たちの家族では、ものを奪いあう喧嘩はありませんでした。「自分の」という醜い所有代名詞は存在しませんでした。これは「自分の」リンゴだ、これは「自分の」テディーベアだ、これは「自分の」ビスケットだ、という言い方です。もちろん、テディーベアやそのほかの神聖不可侵の品物に関しては、所有ということがありましたが、その所有権は（自然権のように）喧嘩なしで尊重されていました。幼いうちから、他の人々へと拡大された「所有」の感情、あるいはむしろ非所有の感情が生まれていました。一九四八年に村から都会に引っ越したとき、私は子供たちとサーカスに行きました。彼らはそれまでサーカスを見たことがなかったのです。彼らは夢中でした。突然、下の男の子であるシュテファンが悲しそうに言いました。「村のぼくの級友たちは見られないんだね」。二人の息子が長じて社会主義者になったのは、自明のことでした。二人は社会主義を、ダライ・ラマが望むような意味で理解しました――よろこんで分かちあう心構えです。二人の息子はまた戦争反対者になり、殺人の義務は免除されました。彼らはいつでも暴力に反対でした。

しかし、聖下、あなたはご自分で、少年時代は腕白者で、したがって生まれつき暴力に反対していたわけではなかった、とおっしゃっていますね。

彼は笑います。

でも――と私は言います――こう仮定してみましょう。あなたには強大な軍隊とそれに応じた軍備もあるとします。そのとき、チベットを解放する唯一の手段は、中国との戦いであると思いますか？

いいえ。私が戦うことができ、戦わなければならないとしても、私は戦いません。私の最大の関心はチベットの将来に向けられています。そしてそれは隣国であるインドと中国との関係に強く依存しています。私たちが好むと好まざるとにかかわらず、中国はチベットの大変重要な隣国です。将来中国と調和的に、友好的に、平和的に生きることができるためには、私たちの独立闘争は非暴力的に遂行されなければなりません。私たちが暴力を行使すれば、多くの中国人の頭には否定的な印象がつくられ、それはきっと長いあいだ持続することでしょう。ですから私は、中国軍を暴力でチベットから追い出す可能性が私たちにあったとしても、このようなことはすべきではないと考えるのです。もちろん、暴力なしにはチベットの状況は変わらない、と考えるチベット人もいます。私たちは待ちます。私の使命は暴力の行使ではありません。私の天命は別のものです。

聖下、あなたの天命はチベットの政治的解放です。しかし、それは本来の使命、もっとも重要な使命ではありません。西欧には《ex oriente lux》というラテン語の言葉があります。「(偉大な)光は東方より」という意味です。普遍的な平和の理念をお持ちのあなたはこの光ではないのでしょうか?

彼はよく響く明るい声で笑います。違います!

なぜあなたではないのでしょうか?　平和の理念を西欧人の意識にもたらすことは、あなたにふさわしい使命、政治的、霊的な使命です。あなたはそれをなさっていらっしゃいます!

この世界において光は、同じ一つの光源、たった一人の人間から発するべきものではありません。

そうです。しかし、いつでも一人の人間が焦点となるのです。最初はそれはいつでも一人の人間です。聖下、なぜお笑いになるのです？　この偉大な焦点の一つがなぜあなたであってはいけないのでしょう？　あなたはそれをお望みにならないのですか？

すべての個人は人類全体に関わる責任を有しています。私も明らかにその一人です。その上さらに、私はダライ・ラマという名前を受け、ブッダの心を生き、実践する可能性もいただきました。それは非常に大きな助けです。同時に私は、異なった宗教的伝統と様々な領域の人々、たとえば科学者などの様々な人々に出会う可能性も持っています。これらの可能性と経験により、私はひょっとすると他の多くの人々よりも、世界についてより包括的な見方を持っているかもしれません。それは私の長所です。そのほかの点では、自分が何か特別な存在だとか、何か特別なことをしなければならないとか、することができるなどと考えることはありません。

しかし、あなたがお望みになるにせよならないにせよ、あなたは特別な存在で、特別なことをなさっているようにお見受けします。

すべての人間は特別な存在であり、地上で特別な天命を持っているのです。私には私の天命があるだけです。

あなたの天命は、人々から不安を取り除くことだと思います。ここに来た人々、あるいはチベット人とそのほかの接触をした人々は、チベット人がその困難な生活にもかかわらず、彼らの現実的な問題にもかかわらず、とても幸福であることに驚きをおぼえます。

それは彼らの精神的進歩のおかげであって、彼らの物質的状況のためではありません。その理由は、彼らが物質的な豊かさや、他の人々が喜ぶ快適な品物にあまり意義を認めないからなのです。私たちチベット人は、私たち仏教徒は、別の種類の満足感を育てています。精神的幸福という満足感です。

西側にも、とくに修道院には、精神的幸福を獲得した人々が見出されます。ですから、幸福な人生を送る現実的可能性が存在することは明白なことです。そして聖下、あなたは疑いもなく幸福でいらっしゃいます。

それは、私にはいかなる心配も不安もない、ということではありません。ときどき人は、それは勇気をもって対処しなければならない事柄だ、ということを示すシグナルとして、不安を必要とします。勇気と智慧と信頼をもって事にあたるのです。

聖下、非常に多種多様な人々や民族に対するあなたの影響は、あなたが暴力からの自由の象徴的人物になったことにあるのだと思います。暴力からの自由とは、不安からの自由と慈悲心を意味しています。

この影響力を持つためには、私は協力者を必要としているのです。私はあなたを必要としています、リンザーさん。

私はできるかぎりあなたのお手伝いをさせていただきます。

この箇所で、私はダライ・ラマが言ったことが聞き取れませんでした。ダライ・ラマがチベット語で言った元の声をテープで聞き直したとき、私は非常に驚愕しました。彼は何と言っていたのでしょう？　人がそれをチベット語から翻訳してくれました。彼は三度、「ありがとう、お母さん」と言ったのです。

それによって彼が何を、あるいは誰のことを考えていたのか、私は尋ねませんでした。ひょっとしたら、それは彼自身の（死んだ、私と同年齢の）母親への呼びかけだったのかもしれません。もっとありそうなことは、母なる神に呼びかけたということでしょう。

私たちの対話がそのあとで輪廻転生の問題になったとき、彼は私に、私が（西欧の）キリスト教と、教会によって否定された輪廻転生の信仰をどのようにして結びつけることができるのか、キリスト教と仏教をどのようにして結びつけることができるのか、と尋ねました。あなたはどのようにして、キリスト教的な創造神を信じながら、仏教的な非人格的な精神（ダルマ）も同時に信ずることができるのですか？

それは私にとっては理論的な問題です。私にとっては、神の名を呼ぶことなく神の意識の中に生きることは、何の問題でもありません。私はすべての神々に祈りを捧げることができます。なぜなら、在るものはいつでも一者だからです。そして私は、すべての宗教の神秘主義の中に、同じ言葉、あるいは抽象的な言葉に対する同じ拒絶を見出すのです。

## ダライ・ラマとチベットの未来

リンザーさんはチベットの状況をどのように評価いたしますか？　今日ダライ・ラマは一つの制度であり、ほとんどチベット国家とチベット文化の象徴です。しかし現実には、チベットの国家と文化と、ダライ・ラマという制度は、二つの異なったものです。チベット文化とチベット国家は千年以上も前から存在しています。ダライ・ラマという存在が制度として国家と結びついたのは、ダライ・ラマ三世になってからで、およそ四百年来のことです。将来のチベット人は、ダライ・ラマという制度が今後も存続すべきか否かを自分たちで決定することになるでしょう。これが私が公の場でも表明してきたし、現在も表明している確信です。

ダライ・ラマが今後は教皇選挙の手続きによって、つまり仏教僧の会議によって選ばれると発表されたならば、それは西側ではどのように受け取られると思いますか？　あるいは、現在行なわれているような伝統的方式ではなく、ダライ・ラマが年齢順の原則によって、つまりもっとも古参の仏教僧がダライ・ラマに任命されるとしたらどうでしょう？

私は重要な点はそれではないと思います、聖下。ダライ・ラマは、今後彼の国を政治的にどのように統治するかにかかわりなく、チベットを超えた霊的指導者でありつづけると思います。西洋と東洋にとっての霊的な光明でありつづけます。それこそがチベットの政治的変化よりももっと重要なことでありましょうし、事実重要なことであるのです。

## 平和創造者たちの合同

聖下、あなたの趣旨にそって活動するために、私どもは「平和大学」の構想をつくり上げています。ドイツでです。非常に多くの戦争と災いの発生源となったこの国で、私どもは私どもの悪いカルマを改善しようと努力しています。それはわずか数世代でできることでしょうか？　私たちドイツ人は、世界がいだいている正当な不信感を克服できるでしょうか？　私たちは、私たちの闘争欲を統御することに成功できるでしょうか？　私たちは平和創造者になることができるでしょうか？　ドイツの新たな経済的優越性とそれに起因する厚かましい態度を見て、誰が私たちを信じてくれるでしょう？　私たちの平和大学の意図は正しく理解されるでしょうか？　若者たちはどのようにして平和への道を見出すのでしょう？　彼らは平和大学のような運動でそれを見つけることができるでしょうか？

これまで開かれた小さな会合にも、すでに大勢の若者が来てくれました。ダライ・ラマは彼らにとっての象徴的人物であり、そのような人物として、今日の人類の中にも、世界平和を欲し、世界平和のために尽力しているまさに偉大な人物が存在するのだ、ということの保証人となっています。そのような人物たちは、職業政治家とは違って、彼らが口にしたことをまともに信じているのです。職業政治家は、国民が聞きたいこと、信じたいことを言いますが、そのような約束は決して、あるいはほとんど守られたことはありません。断固たる戦争反対者でありながら、臆病者でも弱虫でもない人物たち、「祖国」の防衛のために貢献しないと悪評を立てられるので、しばしば名声や地位を危険にさらす人々、自分の男性性や女性性を力強く表現し、やせた信心深い禁欲主義者ではなく、音楽と踊りと明るい笑いを愛し、ダライ・ラマのように喜びを放射し、精神の自由の証人であり、すべてを包みこむ愛の子供である人物たち。

私たちは、イエス・キリストやブッダやすべての偉大な賢者たちが告知した平和のメッセージを、真剣に受けとめる人間たちです。

私たちは、私たちの時代の暗黒に立ち向かい、伝統的な諸教会がもはやその信仰を与えてくれない、神秘的な歓喜のメッセージを生きる人間たちのたえず増大するグループです。

私たちの存在には表裏がありません。それは単純にして明快です。そして、平和という大義のために尽力する人物たちは、非のうちどころなく、党派争いからはほど遠い著名な人々です。彼らは暴力の放棄という偉大なユートピアを信ずる現実主義者です。そのためには宗教の自由が必要です。それは宗教からの自由、つまり無宗教のようなものではありません。その反対です。この平和の屋根のもとで、すべての宗教は居場所を持ちます。諸宗教の表面的な混合という意味ではなく、相互の理解と敬愛、信仰と希望という意味です。自分の宗教を「宣教」しようとする者は一人もいません。自分の宗教のほうがもっとよい、と考える者は一人もいません。各人は彼の信ずる神々、あるいは彼の信ずる唯一の神に祈りますが、その神はいつでも同じものです。そして、この領域には「敵」は存在しないのです。

## 平和精神と平和団体

私たちの平和への信仰の周囲には、すでに具体的な平和活動の網が編み出されています。私たちがいま確認しなければならないのは、私たちがすべての平和団体と密接な協力関係に入ることです。

経済界、産業界、金融界、法曹界、教育界、医学界、自然科学、芸術――文化のすべての分野が唯一の目標に向かわなければなりません。暴力なき紛争解決という目標に。

そして軍隊は？　すべての国で軍隊は廃止されるべきでしょうか？　それとも、兵役義務だけ？　徴兵義務だけ？　それとも武器製造だけ？　武器製造は最小限度に抑えられ、諸国家間の武器の売買が禁止されるべきでしょうか？　しかし、数多くの兵隊たちはどこへ行くのでしょう？　失業者の増大？　混乱の増大？　重火器で武装し、戦争の訓練を受けた兵隊のかわりに、非武装の警官にすればよいのでは？　「警察はあなたの友だちで援助者です」とでもいったスローガンに従って。国家レベルではこれは可能です。国際的なレベルでは、訓練を受けた、出撃態勢のとれた保安軍がやはり必要です。なぜなら、戦争の近くにまで行く紛争というものがいつでも存在するからです。私は――とダライ・ラマは言います――国際的、世界的なレベルでは、おそらく国連の指揮に入る多国籍軍が必要だと思います。ブルーヘルメット〔国連平和維持軍〕のような……。

聖下、これまでブルーヘルメットは安定した和平を成し遂げてきたことはありません。彼らはほかのすべての軍隊と同じように武器で戦い、立派ではありますが、実効のない理念のために死んでいます。

はい、今まではそうでした。この準軍事的組織に他の諸力が加わらなければなりません。科学者や、ノーベル平和賞の受賞者や、進歩的な政治家や、芸術家や、マスメディアなどの力です。人々の考え方、全民族の考え方が変わらなければなりません。不信と闘争のかわりに、慈悲心と、国境や文化の違いを超えて互いに助けあう心です。

国連ができてもう五〇年になります。五〇周年記念を祝うわけです。でも、いったい何を祝うのでしょう？　私たちは国連に関してどんな成功を誇示できるでしょう？

悲観論に陥っている余裕などありませんよ。希望を持たなければなりません。半世紀で人類が変わるなどと期待することはできません。しかし、昔は今ほど多くの戦争反対者がいましたか？　昔はユニセフ、パックス・クリスティ〔カトリックの平和運動団体〕、コスタリカの平和大学〔国連によってコスタリカに創設された大学〕、アスペン研究所〔国際的な教育団体〕やそのほかのたくさんの平和運動が存在しましたか？　これらの運動は残念ながら、お互いの協力があまりに少なすぎますが。

政党、国家、宗教を超えて数多くの個別的運動が団結すれば、強力で持続的に作用する力が生まれるでしょう。

極東から吹いてくるこの一陣の新鮮な風は、多くの西欧人に不安を与えています――「異質な人間」、非キリスト教徒、「無信仰者」、野蛮な「蒙古人」がやってきて、おれたち善良なキリスト教徒西欧人にわざわざお説教するんだってさ。おれたちの歩いている道は間違っている、それは破滅への道だ、暴力、分断、所有思考、民族的・人種的偏見、憎悪の道だと言うのだ。そしてこの外国人は、おれたちに非暴力の教えを垂れ、「世界平和のユートピア」を下さるというのだ。でもやつは、西側にとって利益の上がる中国との経済関係の邪魔をしているんだぞ。ボンが一九九四年にダライ・ラマを公式に接見することを拒否したのは理由のないことじゃない（と多くの人は言います）。そんなことをしたら、ドイツ連邦共和国は経済的損失をこうむるだろう……。その上――と多くの人は言います――こいつら「異教徒」はキリスト教の土台を掘り崩すんだからな（そしてその政治的権力をも――ということは口に出しませんが）。

さて、ダライ・ラマは徹底的な非暴力を教え、実践しています。そのことによって彼は、心的、知的、感情的な伝道教化をも否定しています。彼はいかなる憎悪も禁じています。彼は、敵というのは自分自身の中の敵以外には存在しない、内なる敵が他の人間を敵と思わせるだけなのだ、とさえ言います。

個人として仏教的精神で生きる人は、自分の中の敵対感情を克服する方法を知っています。彼は自分を「敵」の立場に置き、彼と同一化し、彼の攻撃の動機を理解するのです。この態度を私たちは政治的に実践しなければなりません。私たちは五年間——短かな期間ですが——このような趣旨で活動してきました。そして今や一九九五年九月に、ポツダム・ベルリン地区に平和大学を開設できるはこびになりました。私たちはすでに、科学、政治、経済、文化、宗教の領域から、数多くの確固たる協力の約束をとりつけています。

もちろん、私たちはチベット人難民を招待いたします。聖下、あなたは私たちの後援者なのですから。

しかし——とダライ・ラマは言います——この九月の集まりでは、私たちはチベット問題を前面に打ち出すつもりはありません。それがチベット解放のための会議であるというような印象を呼び起こしてはなりません。違います。はるかに重要なのはより大きな問題、抑圧された少数派の解放というテーマなのです。そのテーマの中で、私たちがチベット問題について議論するのはまったく自然なことですが。

リンザーさんはチベット問題とダライ・ラマとの出会いについて書く本の印税を受け取らないつもりだ、とウーヴェ・モラヴェッツは言います。正確に言えば、その本の全印税は九月の会議のささやかな財政援助になるのです。焼け石の上の一滴の水ですが、と私は言います。

## 非暴力の象徴的人物

九月の会議の目玉は、聖下、あなたのご出席ということになるでしょう。あなたは今や、お望みになるにせよならないにせよ、非暴力の象徴的人物になってしまわれました。とくに若者たちにとって。あなたがノーベル平和賞を受賞なさったのは、中国に対する非暴力的な態度のためばかりではなく、あなたの模範的生き方一般のためでもあります。あなたには平和創造者のカリスマがおありになります。あなたは、政治を高い霊性と結びつけることができる実例です。この実例は伝染性があります。水の柔弱なるは石の堅強にまさる、という古い智慧の言葉〔老子〕がありまず。すでに中国にさえも、中国・チベット問題の解決のためには暴力は不十分な手段だ、という国民的意見があるのではありませんか――その変化の動機が政治経済的なものであるにせよ倫理的なものであるにせよ。

忍耐です――とダライ・ラマは言います――忍耐です。戦争挑発を取り除くこと。不信を取り除くこと。不安を取り除くこと。戦争は儲かる、という意見を取り除くことです。

しかし、たとえ中国が和平への傾向を示したとしても、その動機は純粋でしょうか？　彼らの前向きの提案は信用できますか？

不信は仏教倫理によって否定されている毒の一つであるということを、私は常に言ってはいないでしょうか？

そうすると聖下、あなたはあらゆる否定的な体験によっても、あなたの全面的な信頼を揺るがされることがないのですね？　さて、中国人が新たな襲撃を計画して、あなたがそれを知ったとします。あなたはどうなさいますか？

何も。政治の領域に属することは何もしません。

ではあなたはそのときも、平和は可能である、と信じつづけるのですね？

そうです。信じつづけるつもりです。すべてのどんな野蛮な中国人の心の中にも仏性が生きており、それがついには表に出現してくることを、私は知っています。

あなたは、ヒトラーやすべての大量殺人鬼の中にも仏性が生きていることを、相変わらず確信していらっしゃいます。あなたは、キリスト・イエスと同じように、不滅の神的な魂の火花の存在を信じていらっしゃいます。

そうです。

聖下、あなたの民族はあなたのことを、ブッダの化身、あるいは神として崇めています。おや、あなたは微笑まれるのですか？　それどころか声を出して笑われるのですか？

私は微笑んでいるだけですよ。私は一介の僧侶です。私が神であるというのは、すべての人間が神であるという意味においてです。ただ、様々の存在は、彼らが本来なるべきものになるために、異なった長さの、異なった回数の、数多くの輪廻転生を必要とするのです。私たちはすべてこの道の途上にあるのです。

## 生きとし生けるものを救う

仏教僧は受戒のとき、特別の誓いを立てます。正確には、それは四弘誓願といいます。それはどのような内容なのでしょうか?

その文章はこうです。

衆生無辺誓願度（有情は数多いが、私は彼らをすべて救うことを誓う）
煩悩無尽誓願断（邪な欲望はたえまなく現われるが、私はそれを完全に変容させることを誓う）
法門無量誓願学（ダルマの多様性は無限であるが、私はそれを完全に実現することを誓う）
仏道無上誓願成（悟りの道はこの上なくすぐれているが、私はそれを完全に歩むことを誓う）
〔括弧内はリンザーのドイツ語訳から〕

これとは違った誓願がもう一つあります。いわば毎日祈る祈りのようなものです。

すべての有情を解脱せしめんという願いをもって、
成道を遂げるまで
私は常に仏法僧に帰依する。

智慧と慈悲とをもって、
私は一切衆生の幸福のために尽力し、
仏陀の悟りに到達するように努力する。

虚空が続くかぎり、
有情が生きるかぎり、
私はすべての有情の苦を滅する助力をする。

これらの誓願を簡単な形にまとめると——私は一切衆生が悟りに到達するように助力する、ということになります。
もっと要約すると——私はすべての人と存在するすべてのものを愛し、有情に決して苦しみを与えない、ということになります。そして、「有情」以外の存在者は存在しないのです。これらのものに、行為でも、言葉でも、想念でも苦しみを与えないのです。この誓願は現在の転生にだけあてはまるのではなく、永遠に、すなわち、すべての有情が救済されるまであてはまるのです。この祈りは、キリスト教の聖女、リジューのテレーズ〔一八七三〜一八九三年。フランス北西部の町リジューで生涯を送ったカルメル会修道女〕の祈りのことを想起させます。彼女は、すべての人間が救われるまでは、自分が至福（仏教的には涅槃）に入ることを拒絶したのでした。

驚愕すべき誓願です。「すべての有情」を救う手助けをするというのは、私の堅い意志を言い表わしてはいますが、私は最初その誓願をする勇気がありません。しかし、それ以外の何の目的のために私は生きてきたのか？　世界平和、万人の救済以外の何の目的のために私は働くのか？　ダライ・ラマは私を励まします。そこで、最後の日の朝、二人で一緒に瞑想したあと、私は誓願書を彼の手に渡します。

それからダライ・ラマは私におごそかに一つの文書を手渡します。それはブッダを描き、その日の日付と彼の署名が入った仏画です。彼はその裏側にチベット語の祈りを書き、私の目の前で手形を押してくれました。無数のしわが刻まれた美しい手です。無数の線は数多くの輪廻転生のしるしです。

その祈りを唱えるとき、私は何度も驚愕しました。しかし、それは本来驚くべきことでしょうか？　当たり前のことなのではないでしょうか？　それはキリスト教の愛の戒めにかなったことなのではないでしょうか？　真のキリスト教と真の仏教はお互いに何と近いことでしょう！　両者の目的は、キリスト・イエスが誕生したとき、天使たちが告知した「世の人々に平和あれ！」

という言葉以外の何だというのでしょう。

そして、世界の宗教的人間はお互いに何と近づくことができることでしょう！　そして真の宗教、神秘主義は、現実的平和政治と何と密接に結びつくことでしょう！

お別れの際、ダライ・ラマが私を心から抱擁して下さったとき、私はわかりました――これは祝福の所作であり、その祝福の力は今後も私とともにあり、世界平和への私の希望を強化してくれるのだ、と。

# 付録：国際平和大学とその推進協会

## （A）　理念的枠組み

国際平和大学は、従来の学問的営為を補う形で、とくに平和に奉仕する学問を育成し教授する目的で設立される私立大学である。この大学は、一九九五年一〇月一日、第二次世界大戦終了五〇年、国連創立五〇周年の年にベルリンとポツダムで創設される。この大学は、学界、政界、経済界、文化界、メディア界の専門家と指導者、ならびに世界の諸宗教の代表者と世界中の学生を、実践志向的な開かれた対話へと一堂に会させるであろう。その際重要なのは、内的平和と外的平和を脅かす危険な諸問題を範例的にかつ統合的視点から討議することである。大切なのは、特定の世界観的統制あるいは政治的統制ではなく、すべての教授者と学習者の、他の議論と見解に対する開かれた態度である。

国際平和大学の目的は、偏見にとらわれない建設的な対話を通して、異なった立場の間の深淵の上に橋を架け、自分自身の議論への信頼と、そしてまた、緊張とともに生きるために必要な、他者の議論に耳を傾ける態度を育成することである。

軍拡競争が終わったあとでも、国際社会は、人間にふさわしい生活条件の下での人類の生き残りを全体として危険にさらす諸問題に直面している。貧と富、北と南、東と西の間の格差、生態学的な破滅のいや増す危険性、国家主義的なイデオロギーと人種主義的な偏見の再強化、ならびに精神的、物質的領域における連帯感の希薄さは、国際理解のために努力し、諸文化の共存のみならず人間と自然の共存をも可能にする構想と戦略の練り上げに努力するすべての力の協力を要請している。

すべての問題は多層的で、技術的、経済的、社会的、政治的、精神的要因を含んでいるので、諸国家の結びつきがますます進行し、数多くの問題がグローバルな次元へと拡大する中、多くの学問分野が同時に新たな構想の開発に参加しなければならない。

国際平和大学は、われわれの前に横たわる巨大な将来的課題を克服するための新たな解決と実践可能な手がかりを求める、異なった精神的方向と思考的糸口の間の交流を促進し、実践的市民運動と諸団体の交流を促進する。

国際平和大学は、地球の救済のための異なった構想、様々な社会政治的ビジョンと経済政治的思考モデルが、数多くの可能性が行き交う市場において、互いに自他を測定しあい、互いに益をもたらすことができるフォーラムとなるであろう。この大学は自然科学と精神科学の結合を目指し、個別的学問分野が互いに浸透することができ、新たな包括的な思考的糸口の形成に寄与する学際性を目指す。

国際平和大学は、あらゆる世代とあらゆる文化の人間が専門性を、しかも、自分の個別的専門分野の地平を超えた、理論と実践の結合という意味における専門性を深めることができる、実践に結びついた研修過程を提供するであろう。

その上さらに、この大学は、卓越した学者たちと政界、経済界、文化界、宗教界、メディア界の代表者たちに、そのつど限られた時間で、深く掘り下げた平和研究ならびに意見の交換と出会いを行なう場を提供するであろう。この大学は、未来志向的な社会政策的構想の胚珠となり、諸文化と諸宗教の相互理解に貢献しなければならない。

このような目的設定に応じて、人間の知的側面だけではなく、人間全体に働きかける方法を用いることが重要である。それゆえ、先端的コミュニケーション装置を取り入れ、最新の学習研究の成果に基づく様々な技術をとりまぜて応用しなければならない。

## (B) 国際平和大学設立への道のり——一九九一年

公益団体の設立
一九九一年一二月一日、「平和大学設立推進協会」(FGF)がポツダムで設立される。これはポツダム市役所で社団としての届け出を受理され、「平和大学設立の推進、学生援護を含め、教育、成人教育、職業教育の特別の促進、国際的視野、文化のすべての領域における寛容性、諸民族理解の促進のため」、財務局の証明を受けて、公益団体として認可される。その定款によれば、FGFの目的は、「平和大学の設立を推進し実現すること、大学の具体的な構想を展開すること、ならびに、諸民族とその文化と伝統の意思疎通と平和な交流に資すること」である。

## 政治的、精神的独立性

ポツダムに本部を置き、ベルリンに一つの事務所をもつ協会は、設立時にすでに二百名を越える会員を擁しており、彼らは会費と寄付によって協会の初期の活動を支援している。協会は、精神的に、世界観的に、政治的に、宗教的に独立している。

## 諸委員会

協会の機関は、理事会、評議員会、助言委員会、一般会員である。

## 広範な支持

学界、政界、経済界、文化界、宗教界、メディア界の非常に多くの人々が、ＦＧＦの諸委員会での活動と国際平和大学の行事に参加の約束をして下さる。

## 国際的な連携

いくつかの国内的および国際的な組織と機関、その中でもとくに、コスタリカの国連平和大学、ベルギーの平和大学、ベルリンのアスペン研究所、ジュネーブの国際平和局が、活動内容面においてＦＧＦと協力する約束をして下さる。

後援者

ＦＧＦの評議員会のメンバーであるペトラ・ケリー〔もと緑の党党首〕の仲介を通して、ダライ・ラマ聖下はＦＧＦの理事長であるウーヴェ・モラヴェッツを、最初の対話を行なうためにインドに招待する。このあと数年間に数多くの対話がひきつづき行なわれる。ダライ・ラマは設立される予定の国際平和大学の後援者となることを引き受けられた最初の人である。後援者にはそのあとすぐに一〇名のノーベル平和賞受賞者が加わる。その中には、南アフリカのデズモンド・ツツ大司教、コスタリカのオスカー・アリアス・サンチェス博士、アメリカのヘンリー・キッシンジャー博士がいる。

一九九二年一〇月三日のドイツ統一記念日に、平和大学の構想が、国際的なメディアの前で、そのあとで催される行事とともに初めて一般に公開される。

開幕行事

ポツダムのサンスーシー離宮の新宮殿の歴史的な宮廷劇場で、ＦＧＦは、旧連邦州〔旧西ドイツ〕と新連邦州〔旧東ドイツ〕の子供たちの、統一ドイツにおける個人や家族の体験についての対話集会を催す。司会進行はホルスト＝エーバーハルト・リヒター教授である。それにひきつづき、マルリース・デュルコプ教授、ヴァレンティーン・ファリーン博士、ゲルト・ゲープハルト博士、ダーフィト・シュタインドル＝ラスト修道士、ヘルム・シュティアリーン教授が、レア・ロシュの司会のもとで、「私たちはどのような統一を必要としているか——ドイツで、世界で、私たちの心の中で?」というテーマで議論を交わす。
ＦＧＦの開幕行事は、ＦＧＦの会員の寄付と会費、ならびにハインリヒ・ベル財団、東ドイツ放送局ブランデンブルクの援助によって費用をまかなわれる。

——一九九三年

平和対話

ポツダムでの計五回、ベルリンでの計八回という一連の平和対話を通じて、国際平和大学はさらに準備をととのえる。平和対話は、学界、政界、経済界、文化界、宗教界、メディア界の専門家と指導者を、相互の間での実践志向的な開かれた対話へと、そしてまたポツダムとベルリン地区の関心をいだいた市民と学生たちとの対話へと招く、という機能を持っている。その際重要なのは、内的平和と外的平和を脅かす危険な諸問題を、統合的な視点から討議し、可能な解決の手がかりをともに提示することである。大切なのは、特定の世界観的あるいは政治的統制ではなく、他の議論と見解に対する開かれた態度である。

これらの平和対話の目的は、偏見にとらわれない建設的な対話を通して、異なった立場の間に橋を架け、自分自身の議論への信頼と、そしてまた緊張とともに生きるために必要な、他者の議論に耳を傾ける態度を育成することである。

平和対話は、社会学的、心理学的、経済政策的、国際的視点から、新たな東西問題に取り組む。

平和対話は、FGFの会員の寄付と会費、ならびにドイツ連邦環境財団とフリードリヒ・ナウマン財団の支援によって実現される。さらに、平和対話を行なう約六〇名の著名な講演者と芸術家が、国際平和大学の設立のために、謝礼を辞退して下さる。

それぞれ金曜日と土曜日に行なわれる五回のポツダムにおける平和対話の開催場所は、一九四五年に第二次世界大戦の戦勝連合国の間でポツダム条約が調印された歴史的な宮殿ツェツィーリエンホーフである。具体的で行動志向的な作業成果を獲得することができるように、最初の二日間の催しは、そのつど様々の社会的分野の二三人の代表者とポツダムとベルリンの諸大学の大学生七名という小さなサークルで開かれる。

内輪のゼミナールの直後に、各ポツダム平和対話の締めくくりとして、ルネッサンス劇場かローザ・ルクセンブルク広場のフォルクスビューネで、日曜日に公開のベルリン平和対話が開かれる。そこでは、国際的なメディアの前でゼミナールの成果が報告され、より広範な一般市民との対話が求められる。このあとに言及される行事も含めて、FGFのすべての公開行事の入場券は売り切れになる。

追加行事

このほかに、一九九三年には以下のFGFの追加行事が催される。

＊平和オラトリオ

一九九三年五月三〇日、ＦＧＦは世界諸文化ベルリーナー・ハウス（コングレスハレ）で、ミヒャエル・フェッターによる合唱音楽と器楽、ならびにマハトマ・ガンディー、マティアス・クラウディウス、マーティン・ルーサー・キング、アッシジのフランチェスコのテキストを用いて、平和オラトリオを上演する。語り手はヨアヒム＝エルンスト・ベーレント教授とヤドランカ・マリヤン＝ベーレントである。平和オラトリオの全収益金は、直接、遅滞なくボスニア・ヘルツェゴヴィナの戦争の犠牲者に届けられる——仲介的組織を迂回することなく。

＊接近による変化

一九九三年七月四日、ＦＧＦは、四大国によるベルリン条約の締結以来はじめて、緊張緩和政策のもっとも重要な構想立案者のうちの三人、ヘンリー・キッシンジャー博士、ヴァレンティーン・ファリーン博士、エゴン・バール教授に、世界諸文化ベルリーナー・ハウス（コングレスハレ）における「接近による変化」という公開行事において、一堂に会してもらうことに成功する。南ドイツ新聞の外交欄責任者であるヨーゼフ・ヨッフェ博士とミュンヘン光の鎖運動の発起人の一人であるジョヴァンニ・ディ・ロレンツォの司会によって、東西冷戦の終結のために秘密外交が演じた意義ならびにヨーロッパの将来の発展に関する対話が行なわれる。ドミトリー・トンバソフ（ヴァイオリン）とフランク＝インモ・ツィヒナー（ピアノ）が、ドミトリー・ショスタコーヴィッチとヴォルフガング・アマデウス・モーツァルトの曲を演奏する。

＊経済のための新しいチャンス

一九九三年七月五日にFGFは、東西経済アカデミーとアクセル・シュプリンガー出版社と協力して、「東西対立から東西統合へ。経済のための新しいチャンス」というテーマのテレビ討論を企画する。ヘンリー・キッシンジャー博士、ヴァレンティーン・ファリーン博士、エゴン・バール教授のほかに、フリードリヒ・ヴィルヘルム・クリスティアン博士、ヴォルフガング・カルテ博士、ハインリヒ・L・コルプ博士、ホルスト・クランプ、アクセル・レバーン博士、ノルベルト・マイスナー博士、オットー・ヴォルフ・フォン・アーメロンゲンが討議に参加した。

＊国際理解と非暴力的紛争解決による平和

一九九三年一〇月二三日、FGFはベルリンのシャウシュピールハウスで「国際理解と非暴力的紛争解決による平和」というテーマの公開討論を催す。これにはダライ・ラマ聖下と並んで、ヨハン・ガルトゥング教授、カール・H・プリブラム教授、ルイーゼ・リンザーそしてフリードリヒ・ショーレマーが参加する。この催しはヘルマン・ファン・フェーンの音楽演奏によって開会される。

FGFのこれらの特別行事は、入場料のほかに、FGFの会員の寄付と会費ならびにいくつかのスポンサーの多額の支援によって可能になる。すべての講演者と芸術家は謝礼金を辞退して下さる。

記録文書

ＦＧＦの一九九二年から一九九三年の様々の催しの講演と成果は、一九九五年九月、『対話による平和。国際平和大学への道』という本として、初版一万部で、ベルリンのアウフバウ出版社から出版される。イェフーディ・メニューイン卿が序文を書いて下さる。

会員数の増加

ＦＧＦの平和対話と追加行事の入場券はそのつど売り切れになる。これらの行事は、国際平和大学の設立過程に能動的に同伴し、それを支持しようという一般大衆の大きな関心を呼び起こす。ＦＧＦの会員数は一九九三年終わりには七五〇名以上に増える。

活動グループと草の根活動

広範な基盤と様々な社会的分野、思考的糸口、実践的活動を、平和大学のフォーラムの形成と発展に招き入れるために、活動グループがつくられる。このプロセスにおいては、生じる問題点は、あらかじめつくられた解答なしに、率直かつ公開の形で論じられるべきである。それらの問題点とは、平和と大学の新たな概念に関する問い、協力と意思疎通ならびに教育と陶冶の新しい形態に関する問い、答えが単に現実政治、行政的決定、伝統的制度にのみゆだねられてはならない様々な問いである。なぜならば、一九九三年に住民の中から直接に生まれ、ミュンヘンから全ドイツに広がった、外国人憎悪に反対する光の鎖運動の場合と同様に、平和大学のイニシアチブもまた、九〇年代半ばは、民主主義をより包括的に理解し、住民からの創造的インパルスに対する障害を取り除くべき時である、ということを示す明白なシグナルであるからである。

——一九九四年

## 平和対話の分析

ポツダムとベルリンの平和対話はまとめられ、分析され、文書化され、国際平和大学のプロジェクトに関する詳細な本がベルリンのアウフバウ出版社で準備される。

## ダライ・ラマ聖下とルイーゼ・リンザーの対話

一九九三年一〇月二三日にベルリンのシャウシュピールハウスで催された平和対話のときにダライ・ラマ聖下とルイーゼ・リンザーは初めて出会ったが、それにひきつづいてＦＧＦは、ローマで両者の二度目の会見をアレンジする。両者は、対話をさらに深めるために、ダライ・ラマのインドにおける亡命地であるダラムサラで一九九四年に再会し、国際平和大学のために共著を執筆する約束をする。ＦＧＦの理事長であるウーヴェ・モラヴェッツとルイーゼ・リンザーは、一緒にこのヒマラヤ旅行を行ない、ダライ・ラマの計一二時間にわたる謁見を受け、共著のためのテーマを話し合う。この本は一九九五年にミュンヘンのケーゼル出版社から『慈悲こそ平和への道』〔本書の原題〕というタイトルで、ＦＧＦによって出版される。ルイーゼ・リンザーは印税全額を平和大学に寄付する。

設立準備

一九九五年に予定されている夏期大学、ＦＧＦのフェスティバル、それと関連した国際平和大学の公式的設立のための準備はハイピッチで進む。三〇人以上のノーベル賞受賞者を含む全世界の二百人以上の著名人が、夏期大学の講演者として出席して下さることを約束する。そのほかに、百以上の国際的組織が講義、ゼミナール、会議への協力を約束する。ゲーテ・インスティチュートとその他の組織によって世界的に展開される広報活動が開始される。

――――一九九五年

夏期大学と大学設立

第二次世界大戦終了五〇年と国連創立五〇周年を記念し、国際平和大学設立に際して、一九九五年九月一日から一〇月一日まで一カ月にわたり、コースとゼミナールならびに公開会議、コンサート、週末行事、日中行事、夜の行事が、国際夏期大学と多文化間フェスティバルという形で、ベルリンとポツダムで催される。夏期大学の専門学部は、学界、政界、経済界、文化界、宗教界、メディア界からの卓越した人々によって構成されるが、その中には多くのノーベル賞受賞者がいる。夏期大学はさらに国際的な組織と協会の支援も受ける。参加者として認められるのは、学生ばかりではなく、あらゆる世代と文化の人々で、彼らは自分に可能な範囲で、一週間、二週間、三週間、四週間のコース・プログラムに参加することができる。

夏期大学の学際的な授業は、教育、文化、芸術と創造性、医学と健康、人格的・精神的発展、政治、宗教と精神的問題、社会的問題、学問、経済、環境と生態学、未来研究といったテーマを取り扱う。これらの授業は、外的平和の次元と内的平和の次元の間に、諸民族と諸世代の間に、人間と技術と自然の間に橋を架けようとする。それらは、境界を超え、接触への不安を取り除き、対話の言語を展開しようとする試みである。対話の言語とは、先入観、誤解、対立ではなく、開かれた態度、寛容、受容と新しい形の協力によって特徴づけられる言語なのである。

## (C) 社団法人平和大学設立推進協会(FGF)の役員(一九九五年三月一日現在)

FGFの後援者

ダライ・ラマ聖下、ノーベル平和賞受賞者、チベット元首、ダラムサラ/インド。

デズモンド・ツツ猊下、ノーベル平和賞受賞者、大司教、ケープタウン/南アフリカ。

オスカー・アリアス・サンチェス博士、ノーベル平和賞受賞者、元コスタリカ大統領、サン・ホセ/コスタリカ。

ノーマン・ボーローグ、ノーベル平和賞受賞者、国際トウモロコシ・コムギ改良センター、メキシコシティー／メキシコ。

マイレード・コリガン‐マグワイア、ノーベル平和賞受賞者、平和の人々のコミュニティ、ベルファスト／北アイルランド。

ヘンリー・キッシンジャー博士、ノーベル平和賞受賞者、元国務長官、ワシントンDC／アメリカ合衆国。

アモス・オズ教授、ドイツ図書協会平和賞受賞者、作家、ベールシェバ／イスラエル。

アドルフォ・ペレス・エスキベル、ノーベル平和賞受賞者、平和と正義財団、ブエノスアイレス／アルゼンチン。

核戦争防止国際医学者組織（IPPNW）、ノーベル平和賞受賞。

国際平和局、ノーベル平和賞受賞。

FGFの理事会

ウーヴェ・モラヴェッツ、理事長・発起人、ベルリン。

リューディガー・ダールケ博士、副理事長、医師、ヨハニスキルヒェン。

マリー‐ルイーズ・シュヴァルツ‐シリング、会計係・企画助言者、ビュンディンゲン。

エルヴィン・ラスロ教授、学科主任、ローマ・クラブ設立メンバー、ピサ／イタリア。

イェフーディ・メニューイン卿、芸術主任、ヴァイオリニスト・指揮者、ロンドン／イギリス。

## ＦＧＦの評議会

ミヒャエル・フォン・ブリュック教授、ミュンヘン大学新教神学部宗教学研究所所長。

ロドリゴ・カラゾ・オディオ教授、元コスタリカ大統領、国連平和大学設立者、サン・ホセ／コスタリカ。

ヴァレンティーン・ファリーン博士、元在ボン・ソ連大使、ハンブルク、モスクワ／ロシア。

ヨハン・ガルトゥング教授、平和研究者、ヴェルソネ／フランス。

ガブリエーレ・クローネ＝シュマルツ、テレビジャーナリスト、リンドラー。

ライモン・パニッカー教授、宗教学者、タヴェルテット／スペイン。

ルイーゼ・リンザー、作家、ローマ／イタリア。

ドロテー・ゼレ教授、神学者・作家、ハンブルク。

ダーフィト・シュタインドル＝ラスト、ベネディクト会修道士、ビッグサー／アメリカ合衆国。

ヘルム・シュティアリーン教授、家族療法家・医師、ハイデルベルク。

## ＦＧＦの国際的助言者

四六カ国の学界、政界、経済界、文化界、宗教界、メディア界の数百人の指導者たち。

連絡先

文化プログラムと行事ならびにＦＧＦへの入会や国際平和大学への支援についてのもっと詳しい情報は、以下の住所に御連絡下さい。

FGF e. V.
Akazienstraße 27
D-10823 Berlin
Germany
電話：49-30-782-3077
ファックス：49-30-782-3085
Eメール：peace-university@gmx.net

# 訳者あとがき

本書は、チベット仏教の法王ダライ・ラマ一四世とドイツの女流作家ルイーゼ・リンザーの対話である。東西の霊性が世界平和という理想のもとに交流した貴重な記録である。

亡命チベットの政治的元首であり宗教的中心者でもあるダライ・ラマ一四世は、ノーベル平和賞の受賞者として、また数多くの著書を通じて、そして最近ではさらに映画『セブン・イヤーズ・イン・チベット』によっても、日本ではよく知られているので、今さら訳者が紹介するまでもないであろう。しかし、彼の対話の相手であり、本書の執筆者であるリンザーについては、すでに数冊の邦訳書が出版されているが、ドイツ文学関係者をのぞいては、日本ではいまだダライ・ラマほど著名な存在ではないので、ここに彼女の経歴を簡単に紹介しておこう。

ルイーゼ・リンザーは一九一一年にバイエルン州南部のピッツリングという町で、小学校教員の娘として生まれた。今年二〇〇〇年には数えで九〇歳を迎える高齢であるが、今なお元気に知的活動を行なっているようである。

彼女はミュンヘン大学で心理学と教育学を学んだのち、小学校の教員になった。ナチス体制への抵抗のために一九三九年に就業禁止を受けた。彼女はこの年、最初の夫である音楽家ハンス－ギュンター・シュネルと結婚したが（彼との間に二人の息子をもうけた）、夫は一九四三年にソ連で戦死した。一九四四年には彼女は反逆罪で逮捕・拘禁され、死刑の宣告を受けたものの、敗戦直前、奇跡的に釈放された。牢獄での悲惨な体験は『牢獄日記』（一九四六年）に描かれている。

彼女の作家としての経歴は一九三八年に始まった。この年書いた習作短篇『百合』が、その当時S・フィッシャー書店をひきいていたペーター・ズーアカンプの目にとまり、ただちに文芸誌『ノイエ・ルントシャウ』に発表されたのである。ズーアカンプの要請によって書いた中篇『ガラスの波紋』（一九四〇年）で作家としての地歩を固め、戦後は自伝的長篇小説『人生の半ば』（一九五〇年）で一流作家として認められた。それ以来、数多くの短篇、長篇、エッセイ、ルポが彼女の筆から生まれている。

リンザーは故国ドイツで流行作家であるばかりでなく、彼女の作品は世界二十数カ国語に翻訳され、海外でも数多くの文学賞を受賞している。日本では主著『人生の半ば』（稲木勝彦訳、三修社、一九六六年）、その続編『美徳の遍歴』（飯島智子訳、朝日出版社、一九七二年）をはじめとして、すでに数冊の著書が邦訳されている。

彼女の作品のバックボーンは故郷のバイエルンでつちかわれたカトリック信仰であるが、彼女の宗教観は、仏教やイスラム教などの異宗教との対話を通じて、偏狭な教会神学を超えた普遍的な宗教性を目指している。東西冷戦期間中の平和運動への肩入れやカトリック教会に対する忌憚のない批判とも相まって、彼女はドイツでは異端的・左翼的カトリックと見られているようである。

彼女のカトリックへの傾斜は『美徳の遍歴』以降に見られるが、とくに一九七〇年代から宗教性を深めていったように思われる。アッシジの聖フランチェスコを現代に甦らせた『兄弟なる火』（一九七五年）という小説は、一九七〇年代の宗教的なドロップアウトたちの姿を好意的に描き出している。アメリカや日本と同じく、西ドイツ（当時）でも一九六〇年代の終わりから七〇年代にかけて、若者たちの反体制運動が社会を揺るがせた。大学紛争や、それから派生した赤軍派のような過激な運動が社会の周辺部へと追いやられたあと、ドイツの若者たちの心をつかんだのは、一方においては、のちに「緑の党」に結集することになる環境保護運動であり、他方においては、既成のキリスト教会から逸脱する新たな宗教意識の目覚めであった。消費主義が蔓延する西ドイツ社会で、硬直した体制的キリスト教信仰に飽き足りない若い世代は、主として東洋系の新宗教に新たな救済と啓示を求めたが、当然これは既成の価値観と伝統的キリスト教信仰に生きる大人社会との衝突につながらざるをえなかった。リンザーは、エキゾチックな新宗教に走る若者たちと、それにとまどう大人たちの間にあって、伝統的信仰からドロップアウトする若者たちの性急さをいましめながらも、彼らの宗教的情熱に深い理解も示した。狭い教会教義にとらわれることなく、すべての宗教に共通する普遍的な基盤の存在を信ずる彼女の信仰観は、彼女の宗教論『誰と話し合うか』（一九八〇年）にまとめられている。

一九八三年に発表された『ミリアム』は、ミリアム（マグダラのマリア）の視点からイェシュア（イエス・キリスト）を描いている小説である。この作品は、過去二千年の男性中心的キリスト教に異議をとなえる、いわば女性福音書家による「第五福音書」の趣があり、この小説に登場するイエスは徹底的な平和の使徒である。この小説で、ミリアムとイェシュアは「敵」をめぐって次のような議論を交わしている。

ミリアム——敵を愛せ、とあなたはおっしゃいました。しかし、そもそも敵などというものが存在するのでしょうか？　つまり、人ははじめから敵なのではない、ということです。人は敵になるのです。でも、なぜ？　恐怖から、所有欲から、妬みから、嫉妬からです。これらすべてのもののために、人は自分自身を敵にしてしまうのです。

イェシュア——ミリアム、君の言葉は素晴らしく明快だ。〔……〕各人は皆同じように、地上的な形姿をまとった神的な霊なのだ。各人の中には永遠者が生きている。〔……〕実際、法律では人々の共同生活を統御することはできない。処罰に対する恐れは、生命と魂の殺害を抑止しはしない。すべての生あるものが一体であるという認識のみが、平和の国をつくるのだ。そのことを他の人々に伝えよ。それをすべての人々に語れ。それを何千回でも何万回でも語るのだ。これが君に対する私の命だ。生きとし生けるものの一体性を教えよ、愛を教えよ。

ミリアムとイェシュアの対話はリンザーとダライ・ラマの対話を先取りしている感がある。リンザーはまた、新約聖書では「神の国」と書かれている部分を、この小説ではすべて「平和の国」と書き換えているが、本書『ダライ・ラマ 平和を語る』の中にもこの用語が何度か出てくる。

この小説にも示されているように、彼女は平和運動や環境保護運動にも早くから共感を寄せ、実践活動にも参加していた。邦訳されている児童文学『なしの木の精スカーレル』(遠山明子訳、福武書店、一九八九年)は、環境派としての彼女の側面を伝えている。こういう彼女は環境保護派や、既存の政党に満足できない若者たちの敬意を集め、リヒャルト・フォン・ヴァイツゼッカー氏が大統領に選ばれた一九八四年の大統領選挙では、緑の党からいわば「勝手連」的に大統領候補に担ぎ出された。

一九九一年の『アベラールの愛』では、彼女はアベラールとエロイーズの恋愛という、中世キリスト教界の有名な事件を小説として採り上げ、カトリック教会における思考の自由と性に対する抑圧を鋭く批判した。また、自叙伝『太陽にかかる土星』(一九九四年)では、カトリック教会の高位聖職者(名前は明かされていない)との恋愛、ならびにそれと同時に進行した、著名なカトリック神学者カール・ラーナーとの恋愛的な友情を赤裸々に告白し、カトリック世界に衝撃を与えた(ラーナーへの書簡集は『尾根歩き』として出版されたが、ラーナー側の手紙は教会が反対して公表できない)。『アベラールの愛』という作品も、彼女自身の切実な体験がもとになっていることがうかがわれるのである。そのような彼女は、ダライ・ラマに対しても性の問題を遠慮なく質問している。

彼女がダライ・ラマに出会ったのは、「国際平和大学」の設立という共同事業においてであったが、その経緯については本書で詳しく述べられている。リンザーは『誰と話し合うか』の中で、自分は根っからのカトリック教徒であり、カトリック教会を離れる意志はない、と明言しているが、そのことは、彼女が他の宗教に心を開き、他の宗教の真理を学ぶことをいささかも妨げるものではない。もともと仏教や老子などの東洋思想に魅力を感じていた彼女が、徹底的な平和主義者であり、異宗教間対話の推進者であるダライ・ラマに魅了されたのは当然といえば当然である。ダライ・ラマのほうも、彼女にただならぬ──仏教的に言えば──因縁的結びつきを感じたようで、彼女をダラムサラに招き、一週間対話を交わすという異例の敬意を示したのである。

本書は、キリスト教や西欧文明に心を開いた仏教徒と、東洋の英知を深く学んだキリスト教徒との対話であるが、両者は、みずからの宗教を放棄することなく、すでにキリスト教や仏教という個別宗教を超えた地点で一致を見出したように思える。ちなみに、本書の会話には引用符がつけられていないが、これはリンザーの作品のスタイルである。大部分は前後の連関から発言者が誰であるかがわかるのだが、どちらの発言なのか曖昧な箇所もいくつかある。リンザーは、両者がまったく同意見であると感じたところでは、あえて発言者を明示する必要はない、と考えたのかもしれない。

もっとも、私のような日本人から見ると、ウパニシャッド哲学の「タト・トヴァム・アシ」や「アートマン」を仏教に直結させるリンザーの仏教理解にはやや不正確な点があるように思えるが、それはそれでかまわないのだろう。彼女は、キリスト教と仏教というさらに大きな相違に橋を架けようとしているのであり、そのためには小異を超えて根本的な共通点を見出さなければならなかったのであろう。いずれにせよ本書は、世界平和という共通の理想のもとに、キリスト教と仏教がともに理解しあい、協力しあうことができることの証言となっている。とくにリンザーがダライ・ラマの立場をローマ法王の立場と比較している点は興味深いものがある。

さらに本書は、女性宗教者の立場から男性宗教者への問いかけにもなっている。仏教、キリスト教、イスラム教をはじめ、世界中の大部分の宗教が男性によって創始され、その後の活動や組織も男性中心的であったことはまぎれもない事実である。人類の普遍的救済を説きながら、現実面では男性を女性の上位に置く宗教のあり方について、リンザーはダライ・ラマに鋭い質問を行なっているが、これは『ミリアム』や『アベラールの愛』にも見られるリンザーの問題意識である。

なお、二人の出会いのきっかけとなった国際平和大学であるが、これは定まったキャンパスと教授陣をそなえた大学ではない。平和大学の理念に共鳴する様々の分野の指導者がボランティアの形で行なう不定期の講演、授業、ゼミナール、行事などの集まりのことである。本書にもあるように、平和大学は一九九五年九月に発足し、現在も少しずつ活動を拡大しているようである。そもそも本書は平和大学の理念をドイツ語圏に広く啓発するために企画された書物である。平和大学の活動がさらに進展し、世界平和というユートピアが一日も早く現実に近づくことを訳者も祈りたい。

二〇〇〇年（国連「平和の文化国際年」）一月　ダライ・ラマ一四世来日の報に接しつつ

中澤英雄

## 著者略歴

**Luise Rinser（ルイーゼ・リンザー）**

1911年にドイツ・バイエルン州に生まれる．『ガラスの波紋』(1940)で作家としてデビュー．ナチス体制への抵抗のため1944年に逮捕され，死刑宣告を受ける．戦後，女性の自立を描いた『人生の半ば』(1950) で一流作家と認められる．1984年には緑の党から旧西ドイツの大統領候補に推薦される．『美徳の冒険』(1957)，『兄弟なる火』(1975)，『ミリアム』(1983)，『銀の罪』(1987)，『アベラールの愛』(1991) など多数の小説がある．ハインリヒ・マン賞 (1987)，エリーザベト・ランゲッサー賞 (1988) などの文学賞を受賞．ローマ近郊に在住．

## 訳者略歴

**中澤英雄（なかざわ・ひでお）**

1948年生まれ．東京大学大学院人文科学研究科修士過程修了（比較文学比較文化専攻)．現在，東京大学大学院総合文化研究科言語情報科学専攻教授．専門はドイツ文学．訳書にザッハー＝マゾッホ『ユダヤ人の生活』(柏書房，1994)，マルティーンセン＝ローマン『歌唱芸術のすべて』(共訳，音楽の友社，1994) など．

# ダライ・ラマ 平和を語る

2000年3月30日 初版第1刷印刷
2000年4月10日 初版第1刷発行

著 者 ルイーゼ・リンザー
訳 者 中澤英雄
発行者 渡辺睦久
発行所 人文書院
〒612-8447 京都市伏見区竹田西内畑町9
電話075-603-1344 振替01000-8-1103

印刷所 創栄図書印刷株式会社
製本所 坂井製本所

落丁・乱丁本は小社送料負担にてお取替えいたします


ISBN4-409-41071-7 C0014